W0204719

SE RÉCONCILIER AVEC L'ORTHOGRAPHE

Conception, réalisation, révision
et illustrations de l'intérieur :
Sophie BRISSAUD

© LES ÉDITIONS DEMOS, 1997

ISBN : 2-910157-10-5

COLLECTION DEMOS COMMUNICATION

SE RÉCONCILIER AVEC L'ORTHOGRAPHE

DES MOYENS MNÉMOTECHNIQUES SÛRS ET EFFICACES POUR EN FINIR AVEC LES FAUTES

Bernard FRIPIAT

LES ÉDITIONS DEMOS

Sommaire

Préface

▲▲▲▲▲

La pratique du français dans notre univers audiovisuel est souvent défaillante, et nous éprouvons tous, à différents niveaux, des difficultés orthographiques qui nuisent à notre efficacité professionnelle. Le manque de temps pour vérifier l'orthographe d'un mot nous contraint régulièrement à modifier nos tournures de phrase et, de ce fait, à appauvrir notre langage.

La demande pour pallier ces carences est de plus en plus grande. Nous le constatons tous les jours chez Demos où le stage animé par Bernard Fripiat remporte un succès considérable.

Quoi de plus normal, alors, que de vous faire partager cette méthode, tout à fait novatrice, mise au point par l'auteur ? Je l'ai moi-même testée, ainsi que plusieurs de mes collaborateurs, et je peux vous assurer que, malgré mes longues années d'études supérieures, j'ai enfin compris comment éviter certains pièges dont notre belle langue française est si « friande ».

Cet ouvrage, destiné à un très large public, est un véritable outil de qualité, une mine d'or dont vous ne pourrez bientôt plus vous passer !

Jean Wemaere
Président directeur général du Groupe Demos

Introduction

▲▲▲▲▲

L'orthographe : une question de mémoire

L'orthographe n'a rien à voir avec l'intelligence. Nombre de personnes intellectuellement faibles possèdent une très bonne orthographe, de même que beaucoup de gens doués d'une grande intelligence ont une orthographe déplorable. Juger de la valeur de quelqu'un par la qualité de son orthographe est à mon avis une erreur. L'orthographe est avant tout une question de mémoire.

Le but du présent ouvrage est de vous faciliter cette mémorisation grâce à des moyens mnémotechniques. Ceux-ci vous permettront de trouver au plus vite la solution à un problème orthographique en vous évitant autant que possible les explications grammaticales. Ils vous aideront également à acquérir une orthographe acceptable en vous en facilitant la mémorisation. En effet, la connaissance de l'orthographe peut être utile lorsqu'il est impossible de consulter une grammaire ou un dictionnaire : dans les concours, dans les conférences lorsqu'on est amené à rédiger au tableau (un instant d'hésitation sur le doublement de consonnes d'un mot qu'il est en train de rédiger peut perturber un conférencier) et dans l'utilisation des nouvelles technologies (ordinateur, portable, fax). Notons que les logiciels de correction orthographique ne sont pas fiables en grammaire et dans certaines orthographes d'usage (peu d'entre eux distinguent *tache* de *tâche*).

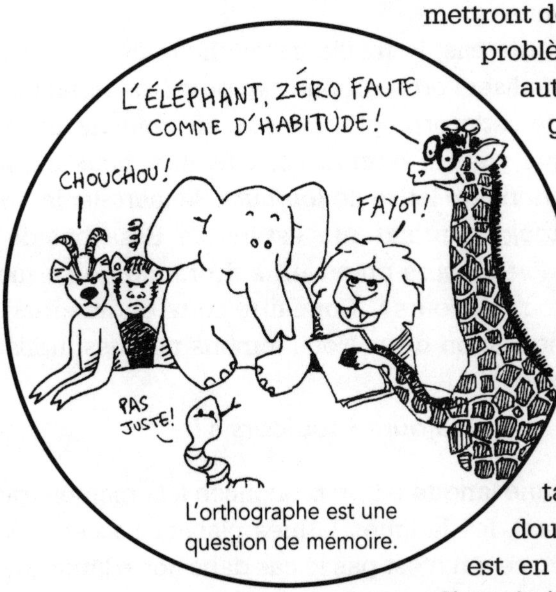

L'orthographe est une question de mémoire.

Mémoriser une orthographe

Le travail de mémorisation de l'orthographe dépend en grande partie de la nature de la mémoire.

Si l'on a une mémoire visuelle très forte, l'on n'aura aucune difficulté à retenir l'orthographe d'usage (combien de *p* à *apercevoir*?). Il suffit de rédiger les deux orthographes côte à côte et de reconnaître « celle qui va » ! En revanche, il nous faudra être très vigilants quant à la grammaire. En effet, notre mémoire, ayant photographié certaines formes plus que d'autres, aura tendance à les reproduire. Par exemple, neuf fois sur dix, ***fait*** s'écrit avec *t* comme lettre finale. Néanmoins, ***je fais, les meubles qu'il a faits*** sont des formes tout à fait correctes. Écrire *je fait* ou *j'ai mit* est une faute typique de gens ayant une très bonne mémoire visuelle et, par ailleurs, une bonne orthographe.

Si l'on a une mémoire visuelle plus faible, qu'on pallie généralement en développant ses connaissances grammaticales, la difficulté se situera dans l'orthographe d'usage. Les fautes sont moins graves mais plus difficiles à ne pas renouveler. Seule une mémorisation fastidieuse nous évitera une consultation incessante du dictionnaire.

Dans l'un et l'autre cas, la meilleure méthode de mémorisation consiste à rationaliser l'orthographe à apprendre soit en connaissant l'origine de cette orthographe, soit en trouvant un moyen mnémotechnique pour la retenir. Par exemple, nous n'arrivons pas à retenir la dernière lettre de ***toujours***. Se marteler le front en se disant que *toujours* prend un *s* est inutile. Essayons de comprendre pourquoi *toujours* prend un *s*. L'origine de ce mot est l'expression « tous les jours ». Connaître cette origine rend ineffaçable la mémorisation du *s*. Nous aurions pu aussi utiliser un moyen mnémotechnique :

Toujours ? toujours s !

Pourquoi le français est-il une langue difficile ?

Le français est une langue latine prononcée à la manière germanique. En général, les langues latines placent l'accent tonique sur la fin du mot, ce qui n'est pas le cas dans notre langue. Ainsi, le mot latin ***arbor***, prononcé à l'italienne en insistant sur le *or*, est devenu, en mettant l'accent tonique sur *ar*, ***arbre***. Le même phénomène explique que ***lyceum*** soit devenu ***lycée*** et ***matinea***, ***matinée***. Voilà pourquoi, de ces trois mots français finissant par *e*, deux seront masculins : ***arbre*** (car les mots latins terminés par *er*, *or* et *os* sont masculins) et ***lycée*** (les mots latins en *um* sont

neutres et le neutre latin a donné le masculin). ***Matinée*** sera féminin, car les mots latins terminés par *a* le sont (ce qui est actuellement le cas en italien).
Dès lors, les difficultés que nous rencontrerons se situeront non pas au début du mot (où nous pouvons presque toujours nous fier à notre oreille) mais essentiellement à l'écriture d'une fin qu'on ne prononce pas. C'est donc là que nous devrons produire notre effort.

Le français

813

Le concile de Tours demande aux prédicateurs de faire leurs homélies *in rusticam romanam linguam.*

842

Les *Serments de Strasbourg*, première manifestation conservée de notre langue.

1194

Première charte en langue vulgaire (charte-loi de Chièvre).

1539

Ordonnance de Villers-Cotterêts : « Prononcez, enregistrez et délivrez aux parties en langage maternel françois et non autrement. »

1635

Fondation de l'Académie française. « Travailler avec tout le soin et la diligence possible à donner des règles certaines à notre langue, et à la rendre pure, éloquente et capable de traiter les arts et les sciences. »

1843

Louis-Philippe décide que l'Administration respectera l'orthographe de l'Académie. Il crée la faute d'orthographe.

Chapitre premier

La conjugaison des verbes

Le but de cette partie est d'attirer votre attention sur les fautes les plus fréquentes et de vous éviter une mémorisation fastidieuse ***(je connais* : ais, *pas d'accent circonflexe. Tu connais* : ais, *pas d'accent circonflexe...)***. En situation d'écriture, vous ne devez plus faire de fautes. Si vous devez écrire ***j'aurais voulu être un artiste***, notre objectif est que vous mettiez un *s* à *aurais* et non que vous sachiez qu'il s'agit du verbe *vouloir* conjugué au conditionnel passé première forme.

Pour ce faire, la première aide nous vient de notre oreille, qui nous fournit un bon pourcentage des lettres. Si vous devez écrire ***je chante***, 100 % des lettres sont audibles. Dans le cas de ***je suis***, c'est 75 % ; de ***nous pouvons***, 85,7 %. Dès lors – et ce sera vrai pour toute l'orthographe –, quand un verbe est difficile à conjuguer, beaucoup de fautes pourront être évitées en écoutant attentivement sa prononciation.

Nous étudierons tout d'abord l'influence de la personne sur la fin du verbe conjugué. La personne ***(je, tu, il, nous, vous, ils)*** détermine la dernière lettre du verbe quel que soit le temps, quel que soit le mode. On pourrait comparer la dernière lettre d'un verbe conjugué à la sauce agrémentant un plat qui varie selon le consommateur – en l'occurrence, selon notre comparaison, la personne à laquelle le verbe est conjugué. Et comme certains préfèrent la moutarde ou la mayonnaise, certaines personnes de la conjugaison préfèrent le *s*, le *t* ou le *ons*. Le tout est de servir la bonne sauce à la bonne personne. Encore faut-il connaître ses goûts.

« Certaines
personnes
de la conjugaison
préfèrent le *s*,
le *t* ou le *ons*.
Le tout est
de servir la bonne
sauce à la bonne
personne.
Encore faut-il
connaître
ses goûts. »

La personne

Première personne du singulier : JE

***Je* aime les *s*.**
Cela signifie que la majorité des verbes conjugués à la première personne du singulier se terminent par un *s*, quel que soit le temps ou le mode. Par exemple :

je finis, j'étais, je pars, je mens, je m'émeus,
je voudrais, je suis…

De même que le fanatique de ketchup évitera d'en mettre à certains plats, *je* renonce parfois au *s*.
Tout d'abord lorsque le verbe conjugué se termine par *e* :

je chante, il faut que je parte, j'ouvre,
tu veux que je vienne, j'envoie…

Ensuite, au futur simple, *je* préfère *ai* :

je finirai, je partirai, j'acquerrai…

Et là, nous rencontrons notre première source fréquente d'erreur. En effet, dans certains accents (notamment celui de la région parisienne), la différence entre le futur simple ***(j'irai)*** et le conditionnel ***(j'irais)*** est inaudible. Dans ce cas, comment ne pas se tromper ? L'on peut toujours se lancer dans une étude approfondie (mais hélas fastidieuse) de l'emploi du conditionnel en français. Beaucoup de gens se fient aux termes et mettent un conditionnel quand il y a une condition et un futur quand les faits se passent plus tard. Nous déconseillons cette méthode. Dans la phrase :

Je lui avais dit que je viendrais

il n'y a pas de condition, et ***viendrais*** est pourtant conjugué au conditionnel. ***Je voudrais y aller :*** l'action se projette dans le futur, et pourtant nous utilisons un conditionnel.
Le plus simple est de prononcer intégralement la phrase (du point de départ à son point final) en remplaçant le ***je*** par ***il***. Si l'on entend le son ***a***, il s'agit d'un futur et il ne faut pas de *s*. Si l'on entend le son ***è*** (qui s'écrira ***ait***), il s'agit d'un conditionnel et l'on mettra *s*. Par exemple, nous nous demandons s'il faut un *s* au verbe ***voir*** dans la phrase :

Je lui avais juré que je le reverrais

Nous prononçons la phrase à la troisième personne en veillant bien à l'articuler entièrement : *je lui avais juré qu'il me reverra* ou *qu'il me reverrait*, et nous entendons que la forme ***reverrait*** sonne mieux. Nous écrirons donc : ***je lui avais juré que je le reverrais***. Il s'agit de ce que les grammairiens appellent un « futur dans le passé ».
Nous pouvons appliquer la même technique dans la phrase :

Si je veux, je chanterai

Dirons-nous *si je veux, il chantera* ou *si je veux, il chanterait*? Notre oreille nous informe que le premier choix est le bon. Donc, ***si je veux, je chanterai.***

Je refuse le *s* aux formes suivantes :

J'ai, je veux, je peux, je vaux, j'équivaux, je prévaux

Pour anecdote, nous signalons que le passé simple des verbes qui, à l'infinitif, se terminent par *er* se termine par ***ai*** : ***je parlai, je chantai***. Cet emploi est relativement rare, nos contemporains préférant le passé composé ***j'ai chanté, j'ai parlé***.

En conclusion, lorsqu'un verbe conjugué est précédé de *je*, sa dernière lettre est *s*, *e*, *i* ou *x*. Sinon, il y a une faute.

Deuxième personne du singulier : TU

***Tu* exige le *s*.**
Quel que soit le mode, le temps ou le verbe, si vous écrivez *tu*, le verbe conjugué qui suit prendra un *s*. Par exemple :

tu finis, tu étais, tu pars, tu mens, tu m'émeus, tu voudrais, tu es, tu chantes, il faut que tu partes, tu ouvres, je veux que tu viennes, tu finiras, tu partirais, tu acquerras...

Il y aura tout de même cinq exceptions (comme quoi il y a toujours un « mais ») que nous avons déjà rencontrées à la forme *je* :

tu veux, tu peux, tu vaux, tu équivaux, tu prévaux.

Troisième personne du singulier : IL

Disons que ***il*** est d'origine anglaise, **il aime le *t*.** Par exemple :

il finit, il part, il était...

Il y a malheureusement plusieurs exceptions. Tout d'abord, lorsque le verbe se termine par *e* ou par *a* prononcés, il ne prendra pas de *t* :

il chante, il faut qu'il parte, il a, il ira, il va...

Cette exception n'est pas valable pour les verbes en *er* conjugués au subjonctif imparfait qui s'utilisent lorsque deux faits du passé se produisent en même temps. Par exemple, ***il aurait fallu*** (passé) ***qu'il chantât*** (passé). Dans la pratique, on utilise le subjonctif présent : ***il aurait fallu qu'il chante***. Cette pratique est tolérée par l'Académie française. Ce problème ne se pose donc pas, mais il ne faut pas s'étonner lorsqu'on rencontre une telle tournure dans un roman.

Ensuite, deux formes renoncent au *t* :

il vainc, il convainc

Enfin, vous constaterez que le verbe conjugué qui suit le *il* se termine souvent par un *d*. Une partie des verbes se terminant à l'infinitif par *-dre* prend un *d* à la troisième personne du singulier de l'indicatif présent ***(il rend)***, les autres le remplacent par un *t* ***(il peint)***.

Comment le savoir ?
Il est coutume d'appeler un verbe par son infinitif. On dit : ***c'est le verbe aller, courir, finir...*** On aurait pu appeler les verbes par leur forme de la première personne de l'indicatif présent (comme pour le grec ancien). Dans ce cas, on aurait étudié que le verbe ***je vais*** à l'infinitif se conjugue ***aller***. Nous n'avons pas choisi cette solution, heureusement pour celui qui aurait été chargé de la lettre *j* dans le dictionnaire. Il est néanmoins important de se rendre compte que l'infinitif présent est un temps comme un autre et qu'il comporte des terminaisons. Si nous prenons le verbe ***ouvrir***, la terminaison est ***ir***. C'est la raison pour laquelle les trois premières personnes de l'indicatif présent sont ***j'ouvre, tu ouvres, il ouvre***. En revanche, pour le verbe ***finir***, la terminaison à l'infinitif présent est *r*. Nous retrouvons dès lors les quatre autres lettres à l'indicatif présent : ***je finis, tu finis, il finit***. Dans le cas des verbes ***finir*** et ***ouvrir***, la prononciation nous évite toute faute. Nous ne dirons pas : *regarde, j'ouvris la porte* ni *je fine et j'arrive* ! En revanche, le problème se pose pour les verbes en *-dre*. En effet, la terminaison de l'infinitif présent des verbes ***craindre*** et ***résoudre*** est *-dre*. Ce qui donne, à l'indicatif présent :

je crains, tu crains, il craint
et *je résous, tu résous, il résout*

Toutefois, les verbes ***rendre*** et ***moudre*** ont, à l'infinitif présent, une terminaison en *-re*. On reprend donc les lettres restantes à l'indicatif présent, ce qui donne :

je rends, tu rends, il rend
et *je mouds, tu mouds, il moud*

Comme la forme *il rendt* choque à la vue, la lettre *t* est tombée.

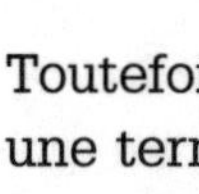

Comment le savoir ?
La forme *nous* donnera la solution. Lorsque la forme *nous* de l'indicatif présent d'un verbe en *-dre* est en ***-eignons***, ***-aignons***, ***-oignons*** ou ***-solvons***, les trois pre-

mières personnes se termineront respectivement par ***s, s, t***. Si la forme nous est différente, ce sera ***ds, ds, d***. Par exemple, nous hésitons sur la dernière lettre du verbe ***rejoindre*** dans :

Partez maintenant, je vous rejoins

Conjuguons-la à la forme ***nous*** :

Partez maintenant, nous vous rejoignons

La forme est en ***oignons***, nous écrirons donc : ***Partez maintenant, je vous rejoins***.

Tu résous

Comme la forme *nous* donnera ***nous résolvons***, il n'y aura pas de *d* à ***tu résous***.

Il feint l'indifférence

La forme *nous* **(nous feignons)** explique pourquoi il y aura un *t* et non un *d*. En revanche :

Il moud le café et nous rejoint

Comme la forme *nous* **(nous moulons)** n'est ni *-eignons*, ni *-aignons*, ni *-oignons*, ni *-solvons*, nous mettrons un *d* : ***il moud***.

Première personne du pluriel : NOUS

Cette personne est la plus utile à connaître si nous désirons étudier la forme des verbes irréguliers. Il est coutume de dire que **le *nous* donne tout**.

Prenons l'exemple du verbe ***résoudre***. À partir du moment où nous connaissons la forme ***nous*** du présent ***nous résolvons***, nous savons que les trois premières personnes du singulier feront ***s s t*** (*cf.* ci-dessus).

Les six formes de l'imparfait ***je résolvais***, etc., du subjonctif présent ***que je résolve***, etc. (*cf.* ci-dessus), et celle du participe présent ***résolvant*** copient la forme *nous* ; et, comme nous le verrons plus loin (*cf.* p. 32 et 112-113), le futur ***je résoudrai*** et le conditionnel ***je résoudrais*** suivent l'infinitif. Il ne nous est pas nécessaire d'étudier ces vingt-cinq formes. Nous n'avons plus qu'à retenir le participe passé ***résolu***, et, si nous sommes perfectionnistes, deux formes du passé simple, ***tu résolus*** et ***il résolut***,

nous offriront le subjonctif imparfait, comme nous l'étudierons page 27.
La forme qui suit le *nous* se termine par ***-ons*** :

nous chantons, nous irons, nous avions...

Deux exceptions : tout d'abord le verbe ***être*** qui fait ***nous sommes***. Ensuite, le passé simple qui se termine par ***^mes*** :

nous fûmes, nous chantâmes, nous finîmes...

Deuxième personne du pluriel : VOUS

Comme nous l'avons vu, le ***vous*** aura la même forme que le ***nous*** à tous les verbes, mais à la place de ***-ons*** nous mettrons ***-ez*** :

vous chantez, vous irez, vous aviez...

Seules exceptions : ***vous êtes, vous dites, vous redites, vous faites*** (plus tous les composés de ***faire***). Au passé simple, ***vous*** préfère ***^tes*** :

vous fûtes, vous chantâtes, vous finîtes...

Troisième personne du pluriel : ILS

Ils* veut toujours *-ent.
Dès lors, les trois dernières lettres d'un verbe conjugué à la troisième personne du pluriel seront toujours ***-ent*** :

ils chantent, ils parlaient, ils créent, ils veulent...

Sauf lorsque l'on entend le son ***on***. Dans ce cas, il se termine par ***-ont*** :

ils sont, ils ont, ils font, ils iront, ils vont...

Veillons à ne pas confondre ces derniers avec la forme *nous*. Pour ce faire, il importe de bien distinguer le sujet en posant la question : ***qui est-ce qui fait l'action ?*** Par exemple :

Nous leur dirons la vérité (qui est-ce qui dira ? nous)
Ils nous donneront leur bonjour (qui est-ce qui donnera ? ils)

Les temps et les modes

Nous allons étudier maintenant les temps et les modes en fonction des possibilités d'erreur qu'ils présentent.

L'indicatif présent

Ce temps est le plus important à connaître (particulièrement le *je* et le *nous*) car il est le plus usité et, en outre, il offre la clé des autres temps. Son orthographe, en dehors du problème posé par les terminaisons en *-dre*, offre peu de difficultés. Pratiquement, si nous connaissons les dernières lettres que réclament les personnes, il suffit de se fier à son oreille.
Attirons tout de même votre attention sur la nécessité de distinguer les verbes en ***-oir*** (ou ***-oire***) et les verbes en ***-oyer***. Les premiers ne prennent pas de *e* aux trois premières personnes : ***je vois, tu vois, il voit***, à l'inverse des seconds : ***j'envoie, tu envoies, il envoie***. Nous ferons la même distinction pour les verbes en ***-uir*** (ou ***-uire***) : ***je fuis, tu fuis, il fuit***, et en ***-uyer*** : ***j'essuie, tu essuies, il essuie***.

L'indicatif imparfait

Comme nous l'avons vu, l'indicatif imparfait se conjugue exactement comme le ***nous***. Il suffit d'enlever ***-ons*** et de rajouter à la forme ***je*** : ***-ais***, à la forme ***tu*** : ***-ais***, à la forme ***il*** : ***-ait***, à la forme ***nous*** : ***-ions***, à la forme ***vous*** : ***-iez*** et à la forme ***ils*** : ***-aient***. Cette recette vous permettra de ne jamais devoir étudier ce temps. Par exemple, ***nous avons*** ; on enlève ***-ons***, il nous reste ***av-***, et l'on ajoute les terminaisons traditionnelles de l'imparfait :

j'avais, tu avais, il avait, nous avions, vous aviez, ils avaient

Où pouvons-nous faire une faute ? Simplement lorsque l'oreille ne nous souffle pas les terminaisons aux formes ***nous*** et ***vous***. Prenons, à ces personnes, le verbe ***chanter*** à l'indicatif présent. Nous trouvons :

nous chantons et *vous chantez*

Ces mêmes formes à l'indicatif imparfait donnent :

L'année passée, pendant que nous chantions,
vous chantiez aussi

La différence entre le présent et l'imparfait consiste en l'ajout d'un ***i***. Comme nous l'entendons, il n'y a aucun problème. Si nous prenons le verbe ***crier***, à l'indicatif présent, cela donne :

nous crions et vous criez

Si nous conjuguons ces formes à l'imparfait, il nous faudra également rajouter un ***i***, et nous aurons :

L'année passée, pendant que nous criions, vous criiez

La difficulté est double : on n'entend pas les deux *i*, et ça choque à la vue. Il en ira de même pour des verbes comme ***voir***, qui donne ***nous voyons*** au présent et ***nous voyions*** à l'imparfait. Une telle faute, difficile à repérer (il faut chercher), est du pain bénit pour les rédacteurs de concours.
Certains verbes qui ne possèdent pas de forme *nous* ont néanmoins un imparfait :

il fallait, il pleuvait, il seyait, il gelait, il neigeait

Le verbe *être* fera : ***j'étais, tu étais, il était, nous étions, vous étiez, ils étaient***. C'est la seule exception à la règle du *nous*. Mais il ne vous serait pas venu à l'idée de dire : *je sommais...*

Le participe présent

Presque toujours, le participe présent copie le *nous*. Par exemple, ***nous dissolvons*** donnera ***en dissolvant*** ; ***nous acquérons***, ***en acquérant***, et ***nous allons***, ***en allant***. Exception : ***avoir, être*** et ***savoir*** dont le participe présent est ***ayant***, ***étant*** et ***sachant*** (notons que le nom ***savant***, qui désigne « quelqu'un qui sait », correspond à la forme ***nous savons***).
Nous voyons que le participe présent se termine par -ant et est toujours invariable. Nous pourrions nous arrêter là s'il n'y avait pas l'**adjectif verbal**. Adjectif vient du latin *jectus* qui signifie « le nom » et *ad* qui veut dire « à côté de » (nous retrouvons *ad* dans les mots *adverbe, adjoint...*). À l'aide de formes verbales, on a formé des adjectifs. Par exemple, avec le verbe *intéresser*, on a formé l'adjectif ***intéressant***. Cet adjectif, qui ressemble fort au participe présent, s'accorde. C'est ainsi que nous dirons :

Trouvez-moi, pour les enfants, une histoire intéressante
et *trouvez-moi une histoire intéressant les enfants*

« Trouvez-moi une histoire intéressant les enfants ! »

Dans le premier cas, il s'agit d'un adjectif verbal qu'on accorde et dans le second d'un participe présent qui reste invariable.

Comment distinguer l'adjectif verbal du participe présent ? Beaucoup de méthodes sont proposées. Une seule nous paraît fiable à 100 %. Nous pouvons constater que l'on ne fait jamais de faute au féminin puisqu'on entend l'accord marqué par la lettre *e*. Dans l'exemple précédent, où l'histoire doit intéresser les enfants, il est impossible de faire une faute. En revanche si l'histoire était des récits :

Trouvez-moi, pour les enfants, des récits intéressants
et *trouvez-moi des récits intéressant les enfants*

il devient délicat d'éviter la faute. Dès lors, si l'on a un masculin pluriel (première source d'erreur), il suffit de remplacer les masculins par des féminins et de bien écouter. Remplaçons récit par histoire et nous entendrons quand il faut un accord.
Cette technique, qui évitera les fautes au masculin pluriel, nous sera très utile pour certains mots dont la forme est différente selon qu'il s'agit d'un participe présent ou d'un adjectif verbal.
Face à ce problème, on met la phrase au féminin. Si l'on entend *e*, il s'agit d'un adjectif verbal, sinon c'est un participe présent. Dans le premier cas, il importe de vérifier si l'orthographe de l'adjectif verbal diffère de celle de son participe présent. La liste ci-jointe devrait vous y aider. Si c'est un participe présent, il suffit pour l'orthographe de prendre la forme *nous* du présent, d'enlever *-ons* et de rajouter *-ant*. Par exemple :

Trouvez-moi une histoire convainquant les enfants

On n'entend pas de *e*, il s'agit du participe présent d'un verbe qui à la forme *nous* donne ***nous convainquons***.

Trouvez-moi, pour les enfants, une histoire convaincante

On entend le *e*. Donc, il s'agit de l'adjectif verbal du verbe *convaincre* dont l'orthographe diffère suivant qu'il est participe ou adjectif et qui prend un *c*.

Verbes dont l'adjectif verbal diffère du participe présent

Certains ont le participe présent en -ant *et l'adjectif verbal en* -ent.

adhérant	***adhérent***
affluant	***affluent***
coïncidant	***coïncident***
confluant	***confluent***
convergeant	***convergent***
déférant	***déférent***
détergeant	***détergent***
différant (différer)	***différent***
divergeant	***divergent***
émergeant	***émergent***
équivalant	***équivalent***
excellant	***excellent***
expédiant	***expédient***
influant	***influent***
interférant	***interférent***
négligeant	***négligent***
précédant	***précédent***
somnolant	***somnolent***
violant	***violent***

D'autres ont un participe présent en -quant *et un adjectif en* -cant *:*

communiquant	***communicant***
convainquant	***convaincant***
provoquant	***provocant***
suffoquant	***suffocant***
vaquant	***vacant***

Enfin, six participes présents finissant par -guant *perdront leur* u *dans l'adjectif verbal :*

déléguant	***délégant***
divaguant	***divagant***
fatiguant	***fatigant***
intriguant	***intrigant***
naviguant	***navigant***
zigzaguant	***zigzagant***

Le subjonctif présent

Après l'imparfait et le participe présent, le subjonctif présent s'inspire très souvent de la forme nous de l'indicatif présent. Par exemple, ***nous dissolvons*** donnera ***il faut que je dissolve***, ***nous moulons*** : ***il faut que je moule*** et ***nous joignons*** : ***il faut que je joigne***.

Il y a quelques exceptions. Certaines formes du subjonctif présent ne respectent pas la forme nous de l'indicatif présent :

être	***que je sois***
avoir	***que j'aie***
aller	***que j'aille***
tenir	***que je tienne***
venir	***que je vienne***
acquérir	***que j'acquière***
mourir	***que je meure***
recevoir	***que je reçoive***
devoir	***que je doive***
pouvoir	***que je puisse***
mouvoir	***que je meuve***
valoir	***que je vaille***
vouloir	***que je veuille***
faire	***que je fasse***
boire	***que je boive***
savoir	***que je sache***
apercevoir	***que j'aperçoive***

Dans la pratique, la forme du subjonctif présent ne pose aucun problème étant donné qu'on la prononce. Il suffit de placer le verbe dans la phrase ***il faut que...*** et la forme du verbe vient immédiatement.

Les fautes d'orthographe dans l'emploi du subjonctif présent viennent des terminaisons.

▪ **Les trois premières personnes aiment le** ***e*** **:** ***que je sache, que tu aies, qu'il finisse...*** Deux exceptions : le verbe ***être*** qui, aux trois premières personnes du singulier, fait ***que je sois***, ***que tu sois*** et ***qu'il soit*** et, à la troisième personne du singulier du verbe avoir, ***qu'il ait***. Mais : ***que j'aie*** et ***que tu aies***.

▪ **Les deux premières personnes du pluriel** fonctionnent avec une dominante *i* : ***que nous chantions, que vous fassiez***... Deux exceptions : les deux premières personnes du pluriel du verbe ***être*** qui font ***que nous soyons, que vous soyez*** et du verbe ***avoir*** qui donnent ***que nous ayons, que vous ayez***.

Où pouvons-nous faire une faute?
Comme d'habitude, la faute existe lorsqu'on n'entend pas la terminaison.

1. Comme à l'imparfait, il ne faut pas oublier le *i* que l'on n'entend pas à la prononciation pour les verbes en *-ier* et en *-yer*, ainsi que pour ***voir, entrevoir, prévoir, pourvoir, asseoir, surseoir, rire, sourire, croire, fuir*** et ***enfuir***. Par exemple :

J'aimerais que vous voyiez Paul dans son bain

2. Certaines formes se prononcent identiquement à l'indicatif présent et au subjonctif présent alors qu'elles prennent un *s* à l'indicatif et un *e* au subjonctif. C'est le cas des verbes ***avoir, acquérir, conquérir, s'enquérir, quérir, courir, accourir, concourir, discourir, encourir, parcourir, recourir, secourir, mourir, fuir, s'enfuir, voir, entrevoir, prévoir, pourvoir, surseoir, asseoir, traire, distraire, extraire, soustraire, croire, conclure, rire et sourire.*** Par exemple :

Je sais que tu me crois, mais j'aimerais
que tu voies Paul dans son bain

Dans ces cas, il est indispensable de savoir s'il s'agit ou non d'un subjonctif. Pour ce faire, sachez d'abord que sans ***que***, il n'y a pas de subjonctif. Lorsqu'il y a un ***que***, remplacez le verbe par ***faire***. Si vous entendez ***fait***, c'est un indicatif. Par exemple, *dès*

Je sais que vous me croyez *(indicatif)*, mais j'aimerais que vous voyiez *(subjonctif)* Paul dans son bain.

lors que je vois. Nous remplaçons ***voir*** par ***faire***. ***Dès lors que je fais*** (nous ne dirions pas : *dès lors que je fasse*) : c'est un indicatif. Nous écrirons donc : ***dès lors que je vois***. Si vous entendez ***fasse***, c'est un subjonctif. *Bien que je le voie* : nous remplaçons *voir* par *faire* et dirons : ***bien que je le fasse*** (nous ne dirions pas : *bien que je le fais*). Il s'agit d'un subjonctif et nous écrirons : ***bien que je le voie***.

Attention ! L'emploi du subjonctif ne pose aucun problème sinon après la locution ***après que***. Tout le monde utilise le subjonctif : *après qu'il soit parti*. Et pourtant, c'est une faute. ***Après que* exige l'indicatif**. On doit écrire, surtout dans les concours, ***après qu'il est arrivé***. L'auteur sait bien que ça fait mal aux oreilles, mais c'est la forme correcte.

Le futur et le conditionnel

Le futur et le conditionnel sont relativement aisés à conjuguer. Très souvent, ils partent de l'infinitif et leurs terminaisons sont repérables à l'oreille (nous avons vu page 15 comment éviter la confusion entre ***ai*** et ***ais*** à la première personne du singulier). Prenons les verbes *partir, chanter, ouvrir, rendre, finir, regarder*… Au futur, cela donne : ***je partirai, tu chanteras, il ouvrira, nous rendrons, vous finirez, ils regarderont…***

Le conditionnel prend les terminaisons de l'imparfait : ***je partirais, tu chanterais, il ouvrirait, nous rendrions, vous finiriez, ils regarderaient…*** Font exception les verbes :

Avoir	***j'aurai***
Être	***je serai***
Envoyer	***j'enverrai***
Aller	***j'irai***
Tenir	***je tiendrai***
Venir	***je viendrai***
Acquérir	***j'acquerrai****
Cueillir	***je cueillerai***
Courir	***je courrai***
Mourir	***je mourrai***

Recevoir	***je recevrai***
Voir	***je verrai***
Savoir	***je saurai***
Devoir	***je devrai***
Pouvoir	***je pourrai***
Falloir	***il faudra***
Vouloir	***je voudrai***
Faire	***je ferai***

* Prononcez dix fois de suite *j'acquérirai* et vous comprendrez pourquoi le *i* est tombé.

Passé composé, plus-que-parfait, passé antérieur, futur antérieur, subjonctif passé, subjonctif plus-que-parfait, conditionnel passé première forme, conditionnel passé deuxième forme, impératif passé

Nous venons de voir les principaux temps simples qu'il est indispensable de connaître. Il existe des temps composés qu'il est inutile d'étudier : il suffit de connaître la conjugaison d'*avoir* et d'*être* aux temps simples et d'y ajouter le participe passé du verbe. Contentons-nous de conjuguer *avoir* ou *être.*

Au présent : *je suis,* et nous aurons le **passé composé** du verbe *tomber*, ***je suis tombé***.

À l'imparfait : *j'avais*, et nous aurons le **plus-que-parfait** du verbe *voir*, ***j'avais vu***.

Au subjonctif présent : *que je sois*, et nous aurons le ***subjonctif passé*** du verbe *tomber*, ***que je sois tombé***.

Au futur : *j'aurai*, et nous aurons le **futur antérieur** du verbe *recevoir*, ***j'aurai reçu***.

Au conditionnel présent : *j'aurais*, et nous aurons le **conditionnel passé première forme** du verbe *voir*, ***j'aurais vu***.

Au passé simple : *il eut*, et nous aurons le **passé antérieur** du verbe *croire*, ***il eut cru***.

Au subjonctif imparfait : *qu'il fût*, et nous aurons le **subjonctif plus-que-parfait** et le **conditionnel passé deuxième forme** du verbe *tomber*, ***qu'il fût tombé***.

À l'impératif présent : *aie*, et nous aurons l'**impératif passé** du verbe *réussir*, ***aie réussi***.

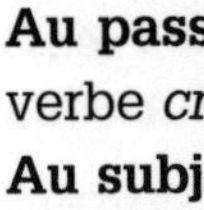

Même s'il est relativement facile de ne pas faire de fautes, il est conseillé de s'entraîner à retrouver ces formes passées. Surtout pour ceux qui doivent affronter des épreuves scolaires où il n'est pas rare de voir un examinateur demander de conjuguer de tels verbes au plus-que-parfait.

Le participe passé

Nous verrons l'accord du participe passé au chapitre II (pp. 33 à 44). Néanmoins, il ne nous paraît pas superflu de s'arrêter sur l'orthographe du participe passé au masculin singulier.

Pratiquement, on ne peut faire de faute qu'à la dernière lettre. Celle-ci peut être soit la dernière voyelle audible *(j'ai fini, j'ai voulu...)*, soit *s (j'ai mis, j'ai acquis...)*, soit *t (j'ai fait, j'ai ouvert...)*. Pour le savoir, il suffit de faire précéder le participe passé de la proposition *la chose que j'ai*, et l'on entendra la dernière lettre. Dirons-nous : *la chose que j'ai acquie*, ***la chose que j'ai acquise*** ou *la chose que j'ai acquite*?

L'oreille nous indique que la deuxième solution est la bonne. Dès lors, au masculin singulier, le participe passé du verbe acquérir prendra un *s* : ***j'ai acquis***.

Il y a deux exceptions importantes.
Tout d'abord : ***devoir, redevoir, mouvoir*** et ***croître*** prennent un ^ au masculin singulier : ***le montant dû*** (mais : ***la somme due*** *et* ***les montants dus***), ***j'ai redû, je suis mû, j'ai crû*** (dans le sens de *j'ai grandi*). Ensuite, ***absoudre*** et ***dissoudre*** prennent un *s* au masculin et un *-te* au féminin singulier (féminin pluriel *-tes*) :

J'ai dissous l'Assemblée, l'Assemblée est dissoute

L'impératif présent

Le terme *impératif* vient du latin *imperare* qui signifie « commander » et qui a donné le français *empereur*. Cela vous donne une idée de la capacité de dialogue qu'il suppose. Il représente le dernier mot que l'on utilise avant le conflit. En clair, utiliser l'impératif équivaut à lancer un ultimatum :

Range ta chambre !
Garde à vous !

Ces deux phrases n'impliquent aucune discussion. Si, à l'oral, l'impératif peut être atténué par une prononciation douce, à l'écrit il établit un rapport de force entre le rédacteur et son lecteur. C'est pourquoi il est vivement déconseillé dans une formule de politesse, et nous préférerons au traditionnel *veuillez agréer...* un *je vous prie d'agréer...* plus diplomatique.

Ce mode, qui ne comprend que trois personnes (deuxième personne du singulier : ***finis ta soupe***, première personne du pluriel : ***finissons sa soupe***, et deuxième personne du pluriel : ***touchez pas à ma soupe***), présente une conjugaison identique à celle de l'indicatif présent. Par exemple :

tu acquiers (indicatif présent d'*acquérir*) ➡ ***acquiers***
nous tenons (indicatif présent de *tenir*) ➡ ***tenons***
vous finissez (indicatif présent de *finir*) ➡ ***finissez***

Voici quelques petites **exceptions** qui demandent une grande vigilance. En effet, puisque nous engageons un rapport de force avec le lecteur, ce n'est pas le moment de lui donner des armes.

- La deuxième personne du singulier ne prend pas de *s* lorsque le verbe se termine par *e*. On dira :

Tu te couvres (indicatif présent), mais
Couvre-toi (impératif présent)
Alors, tu ouvres la porte ? (indicatif présent), mais
Ouvre la porte ! (impératif présent)

- Le verbe ***aller*** ne prend pas de *s* à la deuxième personne du singulier, sauf si on le prononce :

Va chercher. Vas-y

- Lorsqu'on donne un ordre, on indique sa volonté. C'est la raison pour laquelle la conjugaison des verbes à l'impératif suit celle de l'indicatif. Néanmoins, lorsque l'on dit à un enfant : *Range ta chambre !*, le résultat n'est pas acquis d'avance et l'injonction est parfois plus proche du souhait que de l'indication. C'est pourquoi quatre verbes prendront, à l'impératif, la forme qu'ils prennent habituellement au subjonctif : ***avoir*** (aie, ayons, ayez), ***être*** (sois, soyons, soyez), ***savoir*** (sache, sachons, sachez), ***vouloir*** (veuille, veuillons, veuillez).

Le subjonctif imparfait

Ce temps relativement rare est utilisé dans le cas d'une simultanéité (les deux actions se passent en même temps) dans un contexte passé. Par exemple :

Il a fallu que je fusse là

Dans ce cas, l'utilisation du subjonctif présent est autorisée.

Nous avons déjà rencontré des concours où l'on demandait de conjuguer un verbe à ce temps. D'où la recette de conjugaison qui suit : prenez la deuxième personne du passé simple et rajoutez-y : ***-se, -ses, -ssions, -ssiez, -ssent.*** Par exemple :
Tu chantas ➡ ***que je chantasse, que tu chantasses*** (le ***il*** fonctionne différemment), ***que nous chantassions, que vous chantassiez, qu'ils chantassent.***
En ce qui concerne la troisième personne du singulier, vous prenez la troisième personne du verbe au passé simple et vous rajoutez ***^t***. Par exemple :
Il chanta (passé simple) ➡ ***qu'il chantât***
Il fut ➡ ***qu'il fût***
Il crût (passé simple de *croître*) ➡ ***qu'il crût***

Nous pouvons constater que, lorsqu'un verbe n'a pas de passé simple, il n'a pas non plus de subjonctif imparfait.

Nous veillerons également à éviter le ridicule de la phrase fréquemment entendue : *dusse ma modestie en souffrir.* C'est ce que l'on appelle parler faussement bien. Il faut dire :

Dût ma modestie en souffrir !

Quelques petites anomalies orthographiques qui touchent essentiellement (mais pas uniquement) la conjugaison

Les verbes en *-cer* appliquent la règle du *co/ca/cu*. Pour que l'écrit corresponde à ce que l'on entend, lorsque l'on prononce *s*, on doit ajouter une cédille devant *a, o* et *u* : ***Je menaçais, nous menaçons, j'ai reçu*** (mais : ***je menace, nous menacions***).

Les verbes en *-ger* appliquent la règle du *go/ga*. Pour que l'écrit corresponde à ce que l'on entend, lorsque l'on prononce *j*, on ajoute un *e* devant *a* et *o* : ***Je mangeais, nous rangeons*** (mais : ***j'ai mangé, nous rangions***).

Voyons maintenant **les verbes en *-eler* et *-eter*** qui doublent le *l* et le *t* devant un *e* que l'on qualifie traditionnellement de muet. Le problème est que l'on a tendance à considérer le *e* muet comme un *e* qu'on ne prononce pas. Or, lorsque l'on écrit ***je jetterai***, on prononce le *e* qui suit le *tt*.

Il existe deux méthodes pour résoudre ce problème. Nous vous conseillons d'en choisir une et de vous y tenir (quitte à oublier l'autre). Soit l'on se concentre sur le premier *e*, soit l'on se concentre sur le second. Concentrons-nous tout d'abord sur le premier, c'est-à-dire sur celui qui précède le *l* ou le *t*. Si on le prononce *euh*, il ne faut qu'un ***l*** ou qu'un ***t***: ***nous appelons, j'ai jeté, rappelez-moi.*** Si on le prononce è, on met deux *l* ou deux *t* : ***appelle-moi, je jette.***
Si cette méthode, pour une question d'ouïe, ne vous convient pas, concentrez-vous sur le second *e*, c'est-à-dire celui qui suit le *l* ou le *t*. Si on le prononce *euh*, il faut doubler. Par exemple, ***rappelle-moi, je vous rappellerai.*** Si l'on prononce autre chose que *euh* (à savoir *é, on*...), on ne double pas le *l* ou le *t* : ***nous vous rappelons, rappelez-moi.*** Dans ce dernier cas, le son qui suit le *l* est *é* et non point *euh*.

Hélas ! les verbes : ***celer*** (+ composés), ***geler*** (+ composés), ***ciseler, démanteler, écarteler, marteler, modeler, peler, acheter*** (+ composés), ***corseter, crocheter, fureter*** et ***haleter*** prennent un *è* au lieu de doubler leur consonne : ***j'achète, nous achetons.***

Les verbes en* oyer *et* uyer** changent le *y* en *i* devant un *e* normal. Le plus simple est de se fier à son oreille. Si l'on entend deux *i **(nous nous ennuyons), il faut un *y*. Si l'on n'en entend qu'un, il faut un *i **(je m'ennuie)***.

Les verbes en *ayer*, devant un *e* normal : on fait ce qu'on veut : ***je paye*** ou ***je paie*** (mais : ***nous payons***).

Les verbes qui ont un *ît* à l'infinitif prendront un ^ dans leur conjugaison chaque fois qu'ils auront un *i* suivi d'un *t*. Par exemple :

Paraître → ***je parais, il paraît, nous paraissons, il parut, il paraîtra***

Connaître deux ou trois formes permet de connaître la conjugaison d'un verbe

La liste de verbes proposée en fin de volume (annexe II, pp. 99 à 114) suit notre logique de mémorisation. Le présent a été mis à l'exception de la forme *vous* qui a été souvent oubliée, étant donné qu'elle copie le *nous*. En dessous du présent, nous avons placé l'imparfait, puisqu'il copie le *nous*. Il est donc inutile de l'étudier, et nous avons inscrit « Comme le *nous* » pour marquer cette inutilité. Nous avons suivi la même logique pour le participe et le subjonctif présent. Nous avons tout de même inscrit quelques formes qui, copiant le *nous*, peuvent paraître étonnantes *(qu'il bouille)*. Nous avons également mis « Comme l'infinitif » lorsque le futur et le conditionnel copient l'infinitif. Ensuite, nous trouvons le participe passé au masculin singulier. Nous terminons par le passé simple suivi du subjonctif imparfait. Cette technique devrait vous permettre de mémoriser très rapidement un verbe irrégulier. En effet, à partir du moment où nous connaissons les terminaisons, la connaissance de la conjugaison d'un verbe ne nécessite point de se lancer dans une mémorisation fastidieuse.

Prenons l'exemple du verbe **résoudre**. À partir du moment où nous connaissons la forme *nous* du présent *nous résolvons*, nous savons que les trois premières personnes du singulier feront *s, s, t* (*cf.* p. 18). Les six formes de l'imparfait *(je résolvais)*, du subjonctif présent *(que je résolve)* et celle du participe présent *(résolvant)* copient la forme *nous*, et comme nous savons que le futur *(je résoudrai)* et le conditionnel *(je résoudrais)* suivent l'infinitif, il ne nous est pas nécessaire d'étudier ces vingt-cinq formes. Nous n'avons plus qu'à retenir le participe passé, et, si nous sommes perfectionnistes, deux formes du passé simple nous offriront le subjonctif imparfait.

(Se reporter à l'annexe II, p. 99)

Chapitre II

L'accord du verbe

L'accord des participes passés

Avant d'évoquer l'accord du verbe avec le sujet, nous allons traiter dans ce chapitre du domaine le plus difficile de l'orthographe française. On devrait l'aborder non comme du français mais comme des mathématiques ; son apprentissage est comparable à celui des tables de multiplications. En effet, la première fois que vous avez écrit *nous sommes*, vous vous êtes demandé combien il fallait de *m*. Puis c'est devenu un automatisme. Lorsque nous écrivons le mot *homme*, nous ne nous demandons pas chaque fois s'il faut un *h*. En revanche, lorsque nous multiplions 47 par 17, nous sommes obligés de faire le raisonnement. Et, même si nous pratiquons souvent les multiplications, nous devrons le refaire à chaque fois. Il en ira de même pour l'accord des participes passés : il ne deviendra jamais automatique, et, si experts que nous puissions devenir, nous devrons toujours reprendre le raisonnement. Et si, par distraction, nous nous fions à notre *feeling*, l'erreur est proche.

La règle du *qui, quoi ?*

L'autre point commun entre l'étude des tables et celle des participes passés est l'exigence d'une très grande précision. Lorsque nous multiplions 47 par 17, il faut d'abord multiplier 7 par 7. La réponse est 49. Or si nous écrivons 48, certes nous ne sommes pas loin de la solution, mais notre opération de base sera complètement fausse. Lorsque, pour résoudre l'accord du participe passé *les gens ont rêvé*, nous poserons la question ***les gens ont rêvé qui, quoi ?***, comme nous ne trouvons pas de réponse, nous le laisserons invariable. Si nous posons la question : *qui a rêvé ?*, nous ne sommes pas loin, mais notre accord sera incorrect.
C'est pourquoi nous n'avons pas examiné ce chapitre d'un point de vue grammatical. Nous nous contenterons de considérer les cas qui se présentent et pour chacun d'eux d'offrir une, voire deux questions qui permettent d'établir un accord correct. Ces questions ressemblent aux tables de multiplication de notre

enfance, il faut les placer à bon escient et avec une exactitude d'horloger. Il faut aussi se méfier des apparences visuelles :

Ils se sont vus et parlé (*cf.* p. 39)

Ils ont vu qui ? Eux. Ils ont parlé qui ? Personne : ils ont parlé à eux, donc pas d'accord. Nous aurions tendance à faire le raisonnement pour ***vu*** et à nous en abstenir pour ***parlé***. Nous devrons nous méfier également des apparences phonétiques :

Les glaces qu'elle s'est offertes

Notre oreille nous conseillerait d'accorder avec ***elle*** alors que le bon accord se fait avec ***glaces***. Les gens doués d'une bonne mémoire visuelle doivent faire attention à certains accords. Par exemple, neuf fois sur dix, on écrira ***fait***. Du coup, ***faits*** peut paraître bizarre. Or, dans la phrase ***les meubles que j'ai faits***, il serait incorrect de laisser le participe passé invariable.
Que la forme soit positive, négative ou interrogative, l'accord du participe passé sera le même. Prenons un exemple complexe : ***les glaces qu'elle s'est offertes*** : on accorde avec **glaces**. Il en ira de même à la forme négative ***les glaces qu'elle ne s'est pas offertes*** et à la forme interrogative ***ces glaces, se les est-elle offertes ?*** Si l'on a une forme rendue complexe parce qu'elle est tournée sous forme de question, il faut supprimer la question et pratiquer le raisonnement.

N***ous conseillons vivement d'écrire la phrase avant de s'occuper de son orthographe.*** Ce conseil, qui vaut pour toute l'orthographe, s'impose dans le cas des participes passés.

Ne serait-ce pas un infinitif ?

Le participe passé et l'infinitif des verbes en *-er* produisent un son identique. Il est donc aisé de les confondre… Pour éviter toute erreur, remplacez votre verbe par ***faire*** et prononcez votre phrase. Si vous entendez ***faire***, il s'agit d'un infinitif : la terminaison sera *-er*. ***On peut chant – (?). On peut faire, donc on peut chanter***. Si l'on entend ***fait***, il s'agit d'un participe passé : la terminaison sera *-é*. ***Le livre achet – (?) hier. Le livre fait, le livre acheté hier***. Méfiez-vous de l'idée préconçue selon laquelle, lorsque deux verbes se suivent, le second est un infinitif.

Cette maison, je l'ai vu construire,
puis je l'ai vue construite

Quand vous constatez la présence d'un participe passé dans une phrase que vous avez à rédiger, il faut tout d'abord regarder ce qui le précède.

Le participe passé est-il accompagné du verbe être ou du verbe *avoir*?

Si la réponse est non, il nous suffit de poser la question : ***qu'est-ce*** (s'il s'agit d'une chose) ***qui est participe passé ?*** ou ***qui est-ce*** (s'il s'agit d'une personne) ***qui est participe passé ?*** et d'accorder avec la réponse où qu'elle se trouve. Par exemple :

Une porte fermé– (?) Qu'est ce qui est fermé ?
La porte ➡ une porte fermée
Les enfants parti– (?) Qui est-ce qui est parti ?
Les enfants ➡ les enfants partis

Si l'on constate qu'il est accompagné du verbe être :
Dans un cas, il s'agit d'un participe passé pronominal, dans l'autre cas, non. Le participe passé est pronominal lorsqu'il est précédé :

À la forme ***je***, de ***me***	***Je me suis calmé***
À la forme ***tu***, de ***te***	***Tu t'es calmé***
À la forme ***il***, de ***se***	***Il s'est calmé***
À la forme ***nous***, de ***nous***	***Nous nous sommes calmés***
À la forme ***vous***, de ***vous***	***Vous vous êtes calmés***
À la forme ***ils***, de ***se***	***Ils se sont calmés***

Heureusement, huit fois sur dix, il ne s'agit pas d'un pronominal. Dans ce cas, la question sera exactement la même qu'au point précédent : ***qu'est-ce*** ou ***qui est-ce qui est participe passé ?*** et d'accorder avec la réponse où qu'elle se trouve :

Une porte est fermé– (?) Qu'est ce qui est fermé ?
La porte ➡ une porte est fermée
Les enfants sont parti– (?) Qui est-ce qui est parti ?
Les enfants ➡ les enfants sont partis

La réponse à la question peut se trouver assez éloignée du participe passé. En cas d'accord, le masculin l'emporte sur le féminin, sauf opinion philosophique contraire. Donc si vous commencez une énumération par ***sont admis...***, il suffit qu'il y ait un homme dans la liste pour que le participe s'écrive ***admis***. En revanche, s'il n'y a pas d'homme, on écrira ***admises***. D'où l'utilité d'écrire d'abord la phrase avant d'accorder le participe.

Attention! ***Avoir été,*** ce n'est pas l'auxiliaire avoir mais l'auxiliaire être. ***Été*** est toujours invariable, et le participe qui suit s'accorde avec la question *qu'est-ce qui a été?* ou *qui est-ce qui a été?*

Isabelle a été cambriolé– (?)
Qui est-ce qui a été cambriolé? Isabelle.
➡ *Isabelle a été cambriolée*

Si l'on constate qu'il est accompagné du verbe avoir : regardons d'abord s'il n'est pas suivi d'un infinitif. S'il l'est, reportons-nous page 37.

S'il ne l'est pas, il faut prendre le sujet, le verbe avoir, le participe passé et poser la question ***qui?*** *ou* ***quoi?*** Il faut bien veiller à extraire ces trois éléments de la phrase, si complexe qu'elle puisse être. Il faudra accorder avec la réponse si elle est écrite devant. Par exemple :

Les meubles que j'ai fermé– (?)

J'extrais le sujet ***j'*** (auteur de l'action), ***avoir*** et le participe passé, puis je pose les questions ***qui?*** et ***quoi?*** *J'ai fermé qui?, quoi?* réponse : les meubles. Cette réponse est écrite devant, et donc j'accorde avec elle :

Les meubles que j'ai fermés

S'il n'y a pas de réponse, je laisse le participe invariable.

Elle a rêvé– (?)
Elle a rêvé qui?, quoi?

Comme il n'y a pas de réponse écrite à cette question, je n'accorde pas.

Attention! Dans ces cas, il est fréquent que, perturbé par l'absence de réponse, on change la question (du style : *qui a rêvé?*), ce qui est une source fréquente d'erreur.

Si la réponse est écrite après, nous n'accorderons pas.

Elle a fermé la porte

Elle a fermé qui ? quoi ? réponse : la porte. Mais comme le mot *porte* se trouve écrit derrière, je n'accorde pas.

Sources d'erreur !
Il faut veiller à bien poser la question, et ce n'est pas toujours simple. Par exemple :

Les glaces qu'il m'a offertes

Il a offert qui ? quoi ? réponse : les glaces. Pour trouver le *m'*, il faudrait poser la question : *à qui ?* Ce serait une erreur : *à qui ?*, ce n'est pas *qui ?*
Parfois, la réponse est écrite devant sous forme de pronom :

Je l'ai mise, cette robe

J'ai mis quoi ? ***l'***, qui représente *la robe* et est écrit devant.

Attention ! *Il nous a invités, mon frère et moi.* On a tendance à dire : il a invité qui ? Réponse : mon frère et moi. C'est faux : la réponse est ***nous***, écrite devant.

Le participe précédé d'*avoir* est suivi d'un infinitif

Partons d'un exemple :

La chanson que j'ai entendu chanter

Si l'on désire commencer la phrase par *j'ai*, on est obligé d'écrire :

J'ai entendu chanter la chanson

Nous ne pourrions pas écrire : *j'ai entendu la chanson chanter.* Pourquoi ? Parce que la réponse à la question *j'ai entendu quoi ?* n'est pas *la chanson*, mais le verbe ***chanter***. C'est la raison pour laquelle le participe passé restera invariable.
Si nous prenons la phrase :

La chanteuse que j'ai entendue chanter

nous constaterons qu'il nous est permis d'écrire : *j'ai entendu la chanteuse chanter.* Donc, la vraie réponse à la question *qui ?, quoi ?* est **la chanteuse**, et l'on accorde.

Dans la pratique, **comment ne pas se tromper?** Il suffit de poser deux questions. Lorsque le participe précédé d'*avoir* est suivi d'un infinitif, on pose d'abord les questions ***qui?*** et ***quoi?*** et l'on regarde si la réponse est devant. Par exemple, ***la chanteuse que j'ai entendue chanter***, j'ai entendu qui? la chanteuse, qui se trouve devant. ***La chanson que j'ai entendu chanter***, j'ai entendu quoi?, tout le monde répondra : la chanson. Mais comme ces deux exemples sont suivis d'un infinitif, il faut poser une deuxième question avant de décider si l'on accorde ou pas. Il s'agira de se demander si la réponse écrite devant fait l'action de l'infinitif. Par exemple, ***est-ce que la chanteuse chante? Oui!*** dans ce cas, on accorde. ***Est-ce que la chanson chante? Non,*** dans ce cas, on le laisse invariable. Autre exemple :

Les soldats que j'ai vu– (?) défiler

J'ai vu qui? les soldats. Est-ce que les soldats défilent? oui! donc j'accorde : ***les soldats que j'ai vus défiler.*** Mais :

Les soldats que j'ai vu– (?) amputer

J'ai vu qui? les soldats. Est-ce que les soldats amputent? Non! Donc je n'accorde pas. ***Les soldats que j'ai vu amputer***.

Source d'erreur!

Il faut veiller à bien poser la question : ***est-ce que la chanson chante?***, c'est-à-dire : est-ce qu'elle fait l'action? Si, par malheur, on pose la question *est-ce que la chanson est chantée?*, l'erreur est garantie.

Attention! Il faut savoir par cœur que *fait + infinitif* sera toujours invariable. Donc, on dira : ***ces robes, je les ai faites***, mais : ***ces robes, je les ai fait repasser***.

Le sens peut varier. Par exemple, ***la chèvre que j'ai vu manger***. Si je mets un *e*, c'est qu'elle mange. Si je n'en mets pas, c'est qu'elle est mangée. On peut imaginer la chèvre conscientisée par ma réponse.

Le pronominal

Examinons maintenant ce mal-aimé de l'orthographe française. Il y a pronominal lorsque le verbe ***être*** est précédé de ***me, te, se, nous nous*** ou ***vous vous***. La différence entre les auxiliaires *être* et *avoir* réside dans le fait qu'on utilise *être* quand on dit ce qu'on est et *avoir* lorsque l'on dit ce qu'on fait. Lorsque nous disons ***elle s'est calmée***, nous employons *être*, car nous disons ce qu'elle est. Or, dans cette phrase, nous décrivons également une action qu'elle a commise. L'auxiliaire *avoir* se sent légitimement frustré ; pour le satisfaire, nous allons accorder ce participe comme s'il était précédé d'*avoir*. Et nous ferons le raisonnement suivant : ***elle a calmé qui ?*** réponse : ***elle***, représentée par ***se*** et placé devant. D'où l'accord.

	Question	**Réponse et accord**
Nous nous sommes rencontrés	Nous avons rencontré **qui ?**	nous, accord avec *nous*
Nous nous sommes parlé	Nous avons parlé **qui, quoi ?**	pas de réponse, participe invariable
Nous nous sommes tenus par l'épaule	Nous avons tenu **qui ?**	nous, accord avec *nous*
Nous nous sommes tenu l'épaule	Nous avons tenu **qui, quoi ?**	l'épaule (placée après), invariable
L'épaule que nous nous sommes tenue	Nous avons tenu **qui, quoi ?**	l'épaule, accord avec *l'épaule*
Nous nous sommes rappelés au téléphone	Nous avons rappelé **qui ?**	nous, accord avec *nous*
Nous nous sommes rappelé notre enfance	Nous avons rappelé **qui, quoi ?**	l'enfance (placée après), invariable
L'enfance que nous nous sommes rappelée	Nous avons rappelé **qui, quoi ?**	l'enfance, accord avec *l'enfance*
Les problèmes se sont succédé	Les problèmes ont succédé **qui, quoi ?**	pas de réponse, invariable
Les glaces qu'il s'est offertes	Il a offert **qui, quoi ?**	les glaces, accord avec *les glaces*

Quelques petites difficultés

Tout d'abord, un certain nombre de verbes (dits « essentiellement pronominaux ») ne peuvent être utilisés qu'à la forme pronominale. Lorsque l'on dit ***je me calme***, on peut dire ***je calme quelqu'un***. En revanche, pour ***je me moque***, il est impossible de dire *je moque quelqu'un.* De même qu'on ne peut pas évanouir, repentir ou enfuir quelqu'un. Retenez que ces verbes s'accordent toujours. En général, on fait le raisonnement traditionnel : ***Ils se sont évanouis* ➡ *ils ont évanoui qui ?*** Réponse : ***eux***. Le raisonnement est faux mais fournit une réponse correcte. Néanmoins, si vous vous sentez gêné par un raisonnement classique, demandez-vous s'il ne s'agit pas d'un tel verbe (*ils ont moqué qui ? réponse : eux...* Le raisonnement peut gêner).

Des passifs peuvent apparaître ; on accordera toujours : ***les chevaux se sont vendus* ➡ *les chevaux ont été vendus.*** Comme cet auxiliaire *être* est en fait un auxiliaire *avoir* déguisé, et comme nous savons que l'auxiliaire *avoir* peut être suivi d'un infinitif, nous pouvons nous demander ce qui se passe lorsqu'un pronominal est suivi d'un infinitif. On voit alors si l'on a bien compris les deux points précédents, car il faut poser les deux questions. D'abord nous assurer que le pronom (*me, te, se...*) répond bien aux questions *qui ? quoi ?*, puis nous demander s'il fait l'infinitif qui suit. Voyons les trois cas :

	Question	**Réponse et accord**
1. Ils se sont juré de vaincre	ils ont juré qui, quoi ?	pas de réponse*, invariable
2. Ils se sont vu voler leur portefeuille	ils ont vu qui, quoi ? est-ce que ce sont eux qui volent ?	eux, accord, mais non, invariable
3. Ils se sont vus réussir	ils ont vu qui, quoi ? est-ce que ce sont eux qui réussissent ?	eux, accord oui, accord

* *Pour trouver le se, il faudrait poser la question* à qui ?

En outre, il existe des cas particuliers

- **Attendu, compris (y compris, non compris), entendu, excepté, ôté, ouï, passé, supposé, vu.**

Partons d'un exemple. Nous dirons : ***c'est trois cents francs, TVA non comprise***. Pourquoi accordons-nous *comprise* ? Parce qu'il n'y a ni *être* ni *avoir* et que le participe s'accorde avec la question *qu'est-ce qui est compris? Réponse : la TVA*. Si nous plaçons *compris* après, nous dirons : ***c'est trois cents francs, non compris la TVA***. Or, comme nous l'avons vu page 35-36, théoriquement, nous devrions l'accorder. Nous ne le faisons pas, c'est pourquoi il s'agit d'un cas particulier.

Pour ces mots-là, nous devons nous demander si le participe passé se trouve devant ce qu'il décrit. Si la réponse est oui, il sera invariable. Sinon, il s'accordera. À l'exception de ***compris*** où notre oreille nous empêche toute faute, ces mots sont assez rares. Si vous passez un examen, mémorisez la phrase avec la TVA et transposez-la.

▪ **Ci-joint, ci-annexé, ci-inclus.**

Ces mots posent problème, car les grammairiens ne sont pas d'accord entre eux. L'Académie française se contredit. Vous pouvez accorder lorsqu'il suit *(la feuille ci-jointe)* et le laisser invariable lorsqu'il précède *(veuillez trouver ci-joint la feuille)*. Néanmoins, ne soyez pas étonné si certaines grammaires autorisent une autre orthographe. L'Académie cite comme correcte la phrase : ***trouvez ci-incluses trois photocopies*** (GREVISSE, *Savoir accorder le participe passé*, *cf.* bibliographie).

▪ **Étant donné, mis à part.**

On fait comme on veut : ***nos difficultés mis à part*** ou ***nos difficultés mises à part***.

▪ **Coûté, valu, pesé, gagné, régné, couru…**

La réponse à la question ***quoi?*** indique que le verbe s'accorde. *Les difficultés que ce travail m'a valu – (?)* Ce travail m'a valu quoi? Les difficultés (placées devant) ➡ ***Les difficultés que ce travail m'a values.***

La réponse à la question ***combien?*** indique l'invariabilité du verbe. *Les trois mille francs que ce travail m'a valu – (?)* Ce travail m'a valu combien? les trois mille francs. ➡ ***Les trois mille francs que ce travail m'a valu.***

Bien entendu, quand on peut donner une réponse à la question ***quoi?***, le verbe s'accorde, car il s'agit d'une construction directe.

Les trois robes que j'ai mises

▪ **Dit, dû, cru, pu, su…**

Il faut pouvoir répondre à la question ***quoi ?*** Si la réponse est un nom, le verbe s'accorde. *J'ai fait toutes les réparations que j'avais promis– (?)* J'avais promis quoi ? Les réparations. ➡ ***J'ai fait toutes les réparations que j'avais promises.***

La réponse peut être un sous-entendu (verbe ou proposition). Dans ce cas, il est invariable. *J'ai fait toutes les réparations que j'avais dit– (?)* J'avais dit quoi ? De faire des réparations (et non *de dire une réparation*, ce qui n'a pas de sens). ➡ ***J'ai fait toutes les réparations que j'avais dit.***

▪ **La réponse comprend l'expression *le peu.***

Il faut accorder avec l'élément qui domine. Pour ce faire, le plus simple est de se demander « si cela finit bien ». Si la réponse est oui, on accorde. *Le peu de confiance que vous m'avez témoigné– (?) m'a rendu le courage.*

Vous m'avez témoigné quoi ? Le peu de confiance.

Est-ce que ça finit bien ? Oui. ➡ ***Le peu de confiance que vous m'avez témoignée m'a rendu le courage*** (l'accent est mis sur la confiance et non sur la quantité).

Si cela finit mal, il reste invariable (en réalité, il s'accorde avec *le peu*. L'accent est mis sur la quantité). *Le peu de confiance que vous m'avez témoigné– (?) m'a ôté le courage.*

Vous m'avez témoigné quoi ? Le peu de confiance.

Est-ce que ça finit bien ? Non. ➡ ***Le peu de confiance que vous m'avez témoigné m'a ôté le courage.***

▪ **La réponse à la question *quoi ?* ou *qui ?* est représentée par *en.***

Ici aussi les grammairiens ne sont pas d'accord entre eux.

Des réparations, j'en ai fait– (?). J'ai fait quoi ? En = réparations (si l'on considère *en* comme neutre et partitif) ➡ Invariable. ***Des réparations, j'en ai fait.***

Mais certains grammairiens considèrent *en* comme pronom.

Des réparations, j'en ai fait – (?). J'ai fait quoi ? En = réparations (si l'on considère *en* comme pronom) ➡ Variable. ***Des réparations, j'en ai faites.***

D'un point de vue pratique, si vous laissez invariable, on vous laissera tranquille.

▪ **La tournure est impersonnelle.**
Le participe passé sera invariable. *Les grandes chaleurs qu'il a fait– (?).* Il a fait quoi ? Les grandes chaleurs. Mais ***il*** est impersonnel ➡ invariable. ***Les grandes chaleurs qu'il a fait.***

▪ **Les antécédents sont reliés par une conjonction de comparaison.**
Il faut se fier à son bon sens. ***C'est votre mère ainsi que votre père que j'ai invités.*** (J'ai invité qui ? Les deux.)
C'est votre mère plutôt que votre père que j'ai invitée. (J'ai invité qui ? La mère.)

▪ **Les antécédents sont reliés par *ni... ni.***
Ce n'est ni votre père ni votre mère que j'ai invités.
L'accord du verbe se fait avec l'antécédent (le père et la mère). Néanmoins, le singulier est de rigueur si, d'évidence, le participe passé ne concerne qu'un élément. Par exemple : ***Ce n'est ni votre père ni votre mère qu'on a élue à l'Élysée.*** Il est certain qu'à l'Élysée il ne peut y avoir qu'une personne. Dans ce cas, il s'accorde avec le second terme.

▪ **Les antécédents sont reliés par *ou.***
La tendance est d'accorder avec le dernier. ***Est-ce votre père ou votre mère que vous avez invitée ?*** Ce qui est logique puisque le participe ne concerne qu'un élément. En revanche, si d'évidence le participe touche les deux éléments, on accorde avec les deux : ***est-ce ton père ou ta mère que tu as le plus souvent invités ?*** Dans ce cas, il est bien entendu qu'on a invité les deux (par exemple la mère cinq fois et le père sept fois). Il serait dès lors anormal de n'accorder qu'avec un élément.

▪ **L'antécédent est *un des...***
On accorde généralement au pluriel, à moins qu'on ne veuille insister sur l'idée d'individualité :
Un des hommes que j'ai vus (on accorde avec *hommes*).
Un des hommes que j'ai vu (on accorde avec *un*).
Sachez qu'avec ***un de ceux*** et ***une de celles*** on accorde obligatoirement au pluriel : ***un de ceux que j'ai vus.***

L'antécédent est *on*.

Il est de tradition de l'accorder au masculin singulier : ***quand on est comme vous, ma fille, on ne peut être reçu au conservatoire.*** Néanmoins, lorsque le *on* ne peut raisonnablement pas concerner des hommes, on peut l'accorder au féminin et au pluriel : ***quand on est comme vous, ma fille, on ne peut être reçue chez les majorettes.***

Il est clair qu'il n'y a pas d'hommes dans une compagnie de majorettes. Dans la pratique, le plus simple est de toujours considérer *on* comme masculin.

« Quand on est comme vous, ma fille, on ne peut être reçue chez les majorettes. »

L'accord du verbe avec le sujet

Le verbe s'accorde, en personne (je, tu, il, nous, vous, ils) et en nombre (pluriel ou singulier), avec le sujet. Pour trouver le sujet, il suffit de poser la question *qui est-ce qui… ?* et mettre le verbe à la place des points de suspension.

Nous chantons. Qui est-ce qui chante ? La réponse est *nous* : ***nous*** est donc le sujet du verbe *chantons.*

Contrairement à la langue anglaise, en présence du pronom qui, c'est l'antécédent qui commande. Donc on ne dit pas *c'est moi qui est le chef* mais ***c'est moi qui suis le chef***.

Que faire lorsque les personnes diffèrent ?

Paul et moi sommes arrivés à l'heure

D'instinct, nous reprenons le sujet au pluriel sous forme de pronom. Nous ne dirons pas : *lui et moi sommes arrivés à l'heure* mais ***lui et moi, nous sommes arrivés à l'heure***.

Nous ne dirons pas : *Jean et toi irez ensemble à la réunion* mais ***Jean et toi, vous irez ensemble à la réunion***.

Les concepteurs de concours sont particulièrement friands de cette difficulté, et vous trouverez souvent des exercices du genre *Paul et moi seront* ou *serons à l'heure*. Naturellement, ils choisiront un exemple où l'oreille ne nous aide pas. Il faut dès lors savoir que la première personne l'emporte sur la deuxième et la troisième et que la deuxième l'emporte sur la troisième. Dans un concours, essayez d'imaginer que vous écrivez la phrase naturellement et voyez quelle personne vous ajouterez : *nous* ou *vous*. Et si les personnes sont différentes et qu'on nous donne à choisir entre *-ons* et *-ont*, ce sera toujours ***-ons***.

Les **cas particuliers** sont assez nombreux et l'on peut hésiter. Lorsque l'on hésite entre un singulier et un pluriel, il suffit de mettre la phrase au futur et l'on ne se trompera jamais. Nous allons examiner tous les cas particuliers sous cette optique, et vous verrez qu'il n'est pas nécessaire de les mémoriser.

- **Après un adverbe de quantité,** le verbe se met toujours au pluriel, sauf si le mot qui suit est au singulier. Par exemple :

Peu arrivent à l'heure !
Beaucoup de gens rêvent d'aller sur Mars
Si l'on bouchait ce chemin, trop de monde passerait sur ce pont

Notez que l'on dira : ***l'année prochaine, peu arriveront*** (et non pas *arrivera*) ***à l'heure ; à l'avenir, beaucoup de gens rêveront*** (et non *rêvera*) ***d'aller sur Mars ; si l'on bouche ce chemin, trop de monde devra*** (et non *devront*) ***passer par le pont.***

- En ce qui concerne les sujets **l'un et l'autre**, **ni l'un ni l'autre** et **tel ou tel**, on fait ce que l'on veut. On peut mettre le verbe au singulier :

L'un et l'autre a cru ces propos

ou au pluriel :

L'un et l'autre ont cru ces propos

▪ Les sujets **l'un ou l'autre** commandent le singulier :

L'une ou l'autre de ces personnes le croit

Notez que l'on dira : ***l'une ou l'autre de ces personnes le croira*** (et non *le croiront*).

▪ Le **verbe impersonnel** est toujours au singulier.

Il passe de nombreux trains

Notez que l'on dira : ***l'année prochaine, il passera de nombreux trains*** (et non *passeront*).

▪ **Moins de deux** commande le pluriel.

Moins de deux minutes lui suffisaient pour agir

C'est relativement contraire à la logique mathématique *(moins de deux = un)*, mais notez que l'on dira : ***moins de deux minutes lui suffiront*** (et non *lui suffira*).

▪ **Plus d'un** commande le singulier.

Plus d'une minute lui suffisait pour agir

C'est également contraire à la logique mathématique, mais notez que l'on dira : ***plus d'une minute lui suffira*** (et non *lui suffiront*).

▪ **La plupart**, au sens de « le plus grand nombre », est suivi d'un pluriel.

La plupart écrivent ce nom ainsi

S'il est construit avec un nom pluriel, il s'accorde au pluriel.

La plupart des employés arrivent à l'heure

Notez que l'on dira : ***la plupart arriveront à l'heure***.
S'il est construit avec un nom au singulier, il s'accorde au singulier.

La plupart du temps se passe en jérémiades

Notez que l'on dira : ***la plupart du temps se passera en jérémiades.***

Une des fautes d'accord les plus fréquentes se produit lors d'une inversion du sujet.

Il a eu la réaction qu'imposent les circonstances

Contrairement à l'apparence, le sujet est ***circonstances*** et non *réaction*. Notez que la transformation de la phrase au futur évite l'erreur. On ne dira pas : *il a eu la réaction qu'imposera les circonstances* mais ***il a eu la réaction qu'imposeront les circonstances***.

Chapitre III

Le genre et le nombre

Le pluriel des noms et des adjectifs

Nous ne vous apprenons rien en vous disant qu'il faut un *s* :

un homme, des hommes

S'il y en a déjà un, il ne faut pas en mettre deux :

un fils, des fils

S'il y a un *x* ou un *z*, il ne faut pas ajouter de *s*. De toute façon, ce ne serait pas beau.

- Les mots en *-al* font leur pluriel en *-aux*. Vous ne diriez pas *des chevals* mais ***des chevaux***. Il existe beaucoup d'exceptions. Nous nous contenterons de citer les plus usitées. Le pluriel d'*aval* (dans le sens de *garantie*) sera ***avals***. Il en ira de même pour *bal, carnaval, cérémonial, chacal, festival, récital* — franchement, vous serait-il venu à l'idée de dire *des chacaux, des carnavaux, des festivaux*, etc. ? — ainsi que pour les adjectifs *bancal* et *naval* (au cas où vous auriez envie de dire *des combats navaux*). Fiez-vous à votre oreille et à votre bon sens.
Cinq mots courants (les autres mots tombant dans cette catégorie sont très peu utilisés) se terminant en *-ail* ont leur pluriel en *-aux* : *bail, corail, détail, soupirail, vantail* et *vitrail*. Les autres mots en *-ail* ont leur pluriel en *-ails*. Là aussi, il suffit de se fier à son oreille. Qui écrirait *des vitrails* pour ***des vitraux*** et *des détaux* pour ***des détails***?

- Les mots en *-au* et en *-eu* prennent un *x* et non un *s* à l'exception de *landau, sarrau, pneu, bleu, lieu* (lorsqu'il s'agit du poisson — ***on trouve beaucoup de lieus dans ces lieux profonds de l'océan***) et *feu* dans le sens de « qui a vécu » ***(feus les rois de Hollande et d'Allemagne)***.

Quelques petits cas particuliers

▪ Les mots en *-ou* prennent un *s* ***(des verrous)*** sauf *bijou, caillou, genou, hibou, chou, joujou, pou* qui prennent un *x*.

Possèdent deux pluriels :

▪ Le mot **ail**, qui peut donner ***ails*** et ***aulx***, est très prisé des constructeurs de grilles de mots croisés.

▪ Le mot **aïeul**, qu'on écrira ***aïeuls*** si cela concerne les grands-parents et ***aïeux*** si nous comprenons l'ensemble de nos ancêtres. Vous pouvez dire ***mes aïeuls étaient à mon mariage***. Si vous dites *mes aïeux étaient à mon mariage*, il y avait du monde à la mairie. Si, dans un concours, on vous donne à choisir entre ces deux pluriels (*aïeuls* ou *aïeux*), soyez certain que les correcteurs, qui témoignent par là d'une certaine méconnaissance lexicologique, attendent que vous répondiez *aïeux*.

▪ Nous trouverons également deux pluriels pour le mot **ciel** qui s'écrira ***cieux*** si nous désignons le paradis et ***ciels*** si nous faisons allusion à la partie visible de ce qui se trouve au-dessus de notre tête. Nous dirons : ***j'adore les ciels de Rubens***.

▪ Le pluriel du mot **œil** sera ***yeux***, sauf s'il s'agit d'un terme technique ***(les œils de ces voiles, de ces caractères d'imprimerie)*** et d'un nom composé avec trait d'union : ***des œils-de-bœuf***. S'il n'y a pas de trait d'union, on aura tendance à dire ***les yeux***. Par exemple, en pharmacie, on dira : ***les yeux d'écrevisse***.

▪ Notons au passage le pluriel particulier du mot **témoin**. Ce dernier, qui n'a pas de féminin ***(elles sont témoins)*** est toujours invariable en tête de phrase : ***témoin nos réflexions***. Il en ira de même dans l'expression ***prendre à témoin***, à l'inverse de l'expression ***prendre pour témoins***.

L'adjectif sous forme adverbiale

Il est important de savoir que, lorsque l'adjectif se présente sous forme adverbiale (c'est-à-dire qu'il décrit le verbe et non le sujet), il est invariable. Par exemple : ***elle voit clair*** (*clair* se rapporte au verbe *voir* et non pas au sujet *elle*), ***ces légumes coûtent cher*** (*cher* se rapporte au verbe *coûter* et non au mot *légume*). Cette règle ne fonctionne pas avec le verbe être ***(ces légumes sont chers)***.

Les adjectifs de couleur

Lorsqu'un nom est employé pour désigner une couleur générale, sans précision, il est invariable. Exemple : ***j'aime les chemises***

brunes. Mais si l'on veut préciser la nature du brun en le comparant au marron, ce mot devient invariable et l'on écrira : ***j'aime les chemises marron***. En fait, j'aime les chemises de la couleur d'un marron. Font exception à cette règle : *rose, pourpre, écarlate, mauve, violet, fauve, vermeil,* qui initialement font référence à la nature mais qui se sont adjectivées dans le langage courant.

Le féminin des noms et des adjectifs

Dans ce cas, nous distinguerons davantage le nom de l'adjectif. Pour ce qui est des noms, il suffit de rajouter un *e (un ami, une amie)*. Sachons tout de même que *paysanne* et *chouanne* prennent deux *n*. L'oreille nous aide énormément pour accorder le féminin. Ainsi, l'on dira *une diablesse* mais *une camarade*, et il ne viendrait à personne l'idée d'articuler l'inverse. Nous attirons votre attention sur le mot ***hôte***, qui, au masculin désigne à la fois la personne reçue et la personne recevant. Au féminin, ***l'hôtesse*** reçoit et ***l'hôte*** est reçue.

L'oreille nous aidera également pour les mots finissant par *-teur*.

L'on admirera une chanteuse et une actrice

Retenons que les noms terminés par *-on* et *-en* doublent le *n*.

Madame la baronne est une Européenne

Ceux finissant par *-er* font *-ère (l'étrangère)*.
Notons que les noms finissant par *-eur* prennent un *e*.

Vive ma supérieure hiérarchique !

Certains noms féminins sont particuliers et il peut être utile de les connaître.

le bélier	***la brebis***
le bouc	***la chèvre***
le cerf	***la biche***
le devin	***la devineresse***
le diacre	***la diaconesse***
le doge	***la dogaresse***

l'enchanteur	***l'enchanteresse***
l'Esquimau	***l'Esquimaude***
le Franc (Clovis)	***la Franque***
le Grec	***la Grecque***
le jars	***l'oie***
le lièvre	***la hase***
monsieur	***madame***
messieurs	***mesdames***
le métis	***la métisse***
le pécheur (en état de péché)	***la pécheresse***
le sanglier	***la laie***
le singe	***la guenon***
le Turc	***la Turque***
le vengeur	***la vengeresse***
le verrat	***la truie***

L'adjectif qualificatif prend également un *e* :

Un garçon poli, une fille polie

L'oreille nous aide lorsqu'il se termine par *f*, féminin en *-ve* :

Un garçon lascif, une fille lascive

Par *x*, féminin en *-se* :

Un homme heureux, une femme heureuse

Par *-er* où il prend un accent grave :

Un homme léger, une femme légère

Les adjectifs en *-el*, *-eil*, *-en* et *-on* doublent la consonne finale :

Il est mignon, elle est mignonne

Lorsque l'adjectif se termine par *-et*, il double le t à l'exception de ***complet, incomplet, discret indiscret, concret, désuet, inquiet, secret*** et ***replet*** qui prennent un accent grave.

L'amant professionnel aime les femmes discrètes

Notez que nous retrouvons le même phénomène que pour les verbes en *-eler* et *-eter* (voir p. 30-31) où l'orthographe hésite entre le doublement de la consonne et la pose d'un accent grave.

Il faut veiller à appliquer la règle de base aux adjectifs suivants, qui se terminent par *-eur* : ***antérieur, citérieur, extérieur, inférieur, intérieur, majeur, meilleur, mineur, postérieur, supérieur*** et ***ultérieur***. Exemple : ***la position antérieure***. Naturellement, pour les autres, le féminin est en *-euse*.

Quelques adjectifs féminins peuvent un peu surprendre :

bas	***basse***
bénin	***bénigne***
boulot	***boulotte***
coi	***coite***
doux	***douce***
épais	***épaisse***
exprès	***expresse***
favori	***favorite***
frais	***fraîche***
franc	***franche***
franc (Clovis)	***franque*** (Mme Clovis)
gentil	***gentille***
gras	***grasse***
grec	***grecque***
gros	***grosse***
hébreux	***hébraïque***
las	***lasse***
malin	***maligne***
métis	***métisse***
nul	***nulle***
pâlot	***pâlotte***
rigolo	***rigolote***
sauveur	***salvatrice***
sec	***sèche***
sot	***sotte***
turc	***turque***
vengeur	***vengeresse***
vieux	***vieille***
vieillot	***vieillotte***

Le pluriel des noms composés
(voir aussi le trait d'union, page 64)

Honnêtement, nous frôlons ici l'orthographe d'usage. Il est évident que l'orthographe des mots composés est très difficile à retenir, car elle ne répond pas toujours d'une logique que l'on aurait pu espérer. Et s'il est possible pour un examen de les mémoriser intégralement, on finit par oublier ceux qu'on n'utilise pas souvent. Nous conseillerons donc à ceux qui éprouvent des difficultés sur ce sujet de se construire un répertoire et d'y noter chaque mot sur lequel ils hésitent. Ils le reliront de temps en temps et, petit à petit, finiront par le mémoriser. Notre but n'est pas d'obtenir un sans-faute mais de retenir le plus de techniques possible pour arriver à simplifier au maximum ce problème. Il suffit de retenir les mots composés les plus usités.

La première chose à savoir est que **seuls les noms, les participes passés et les adjectifs qualificatifs peuvent prendre la marque du pluriel.** Les adverbes, les verbes, les prépositions et les pronoms sont invariables. Retenir ce principe évite la plupart des fautes. Donc : ***des on-dit*** (pronom + verbe), ***des passe-partout*** (verbe + adverbe), ***des laissez-passer*** (verbe + verbe) seront invariables. La première partie des mots composés qui comprennent un de ces éléments sera invariable. Donc : ***des porte-plume, des chauffe-biberon***...

- Lorsque nous avons **un mot composé de deux noms**, on se fie au sens (il faudra consulter le dictionnaire, remplir son répertoire des mots les plus fréquemment utilisés et les mémoriser peu à peu). Exemples : ***des avocats-conseils***, car chaque avocat exerce la fonction de conseil. La logique veut, au singulier, ***un avocat-conseil***. ***Deux années-lumière*** : il n'y a qu'une lumière bien qu'il y ait deux années. Des ***tête-à-tête*** : il n'y a qu'une tête de chaque côté. L'idéal est d'aller vérifier l'orthographe dans le dictionnaire, de la noter dans le répertoire et de chercher la logique qui a déterminé l'orthographe.

- Lorsque nous avons **un nom et un adjectif**, en général les deux varient : ***des coffres-forts, des grands-pères***. Le pluriel de *grand-mère*, comme celui de tous les noms composés féminins (à l'exception de *grande-duchesse*), s'écrit sans apostrophe et sans *e*. L'ajout du *s* y est facultatif. On peut donc écrire, au choix :

Des grand-mères, des grands-mères

Notons également que, dans un nom composé, **nu** s'accorde quand il est en deuxième position et n'est pas précédé de trait d'union alors qu'il est invariable et suivi d'un trait d'union lorsqu'il est placé en première position. On met *s* à pied puisqu'il y en a deux.

Je marche pieds nus, je marche nu-pieds

Lorsqu'il s'agit de deux adjectifs, ils s'accordent.

Des hommes sourds-muets

Des filles court-vêtues portant des nouveau-nés

Qui est sourd? Les hommes. Qui est muet? Les hommes. Mais si le premier explique le second, il reste invariable. Par exemple, ***des filles court-vêtues***. Ce sont les filles qui sont vêtues, mais court explique comment elles sont vêtues et non pas comment elles sont ; il se peut que des filles court-vêtues soient très grandes. C'est également le cas de ***nouveau-né***. Lorsqu'on dit ***des nouveau-nés***, on estime que *nouveau* explique *né* et reste invariable. On considère qu'ils sont nés nouvellement. Nous avons très souvent vu ce problème dans des concours.

- Lorsque le mot est composé d'un **verbe** et d'un **complément d'objet direct**, le verbe reste invariable et le nom varie suivant le sens. ***Des perce-neige*** : le verbe *percer* est invariable et l'on estime qu'il n'y a qu'une neige.

Le problème se pose même au singulier : ***un porte-cigarettes*** ; on estime qu'il y a plusieurs cigarettes. ***Des fume-cigarette*** ; on estime qu'il n'y a qu'une cigarette par instrument.

En ce qui concerne les mots commençant par **garde**, soit le mot *garde* signifie « le gardien » et dans ce cas il varie, soit il représente le verbe *garder* et reste invariable. Cette difficulté est très prisée dans les concours. Dites-vous que s'il y a un monsieur avec un képi devant, vous mettez un s à garde. ***Des gardes-chasse*** : il y a des hommes à képi qui gardent la chasse, et comme chacun n'en garde qu'une à la fois, on laisse *chasse* au singulier. S'il n'y a personne devant, laissez-le invariable. ***Des garde-robes*** : il n'y a pas de monsieur à képi devant votre armoire.

▪ Lorsque le mot est composé d'un mot invariable et d'un nom, seul le nom variera.

Des avant-gardes

▪ Lorsque le mot est composé de **deux verbes** ou **d'un verbe et d'un pronom**, tout reste invariable.

Des laissez-passer, des passe-partout

▪ Lorsque le mot est composé de **deux mots étrangers**, ceux-ci restent invariables.

Des post-scriptum, des curriculum vitae

Néanmoins, pour les mots anglais, le *s* est accepté à la fin.

Des cow-boys

▪ Lorsque le premier élément **se termine par *o* et *é***, il reste invariable : ***des ciné-clubs ; des micro-ordinateurs***. En revanche, si vous écrivez ***des micros***, vous devez considérer le mot comme un nom simple et lui mettre un *s*.

Dans les noms composés de couleur, l'ensemble reste invariable. On écrira ***des vestes rouges***, mais ***des vestes rouge vif***. Il s'agit de vestes d'un rouge qui est vif.

Chapitre IV

Subtilités orthographiques

L'accent

Nous devons distinguer l'accentuation de la lettre *e* de celle des autres voyelles. Il s'agit d'un passage assez délicat ; en effet, l'on peut avoir une bonne orthographe et peupler son texte de fautes énormes tout en restant irréprochable sur les *e* accentués.

Si l'on entend la différence de son entre l'accent grave et l'accent aigu, la faute est peu probable. Si on ne l'entend pas, les difficultés apparaissent. Il va sans dire que cette partie traite surtout de ce second cas.

Sachons tout d'abord qu'il ne faudra jamais d'accent sur un *e* suivi de deux consonnes identiques (***erreur, coquette***...) ou d'un *x* (***excessif***). Nous ne mettrons pas non plus d'accent sur le *a* de ***a contrario, a fortiori, a posteriori, a priori*** en raison de l'origine latine de ces expressions.

Il y a quatre sortes d'accent : **l'aigu, le grave, le circonflexe (ou chapeau) et le tréma**.

L'accent aigu

L'accent aigu ne se place que sur le *e*. C'est le plus fréquent. À l'oreille, le son *é* équivaut au son *et* dans la locution *Paul et Virginie*.

Lorsque la dernière syllabe est un *e* accentué, vous aurez toujours un accent aigu : ***vérité, chanté...***

Lorsqu'il est suivi d'une consonne, elle-même suivie d'un son différent du son *euh*, on met presque toujours un accent aigu : ***chéquier, frérot...***

Pour la petite anecdote, le mot français qui comporte le plus grand nombre d'accents aigus est *hétérogénéité*.

L'accent grave

L'accent grave s'écrit *è*. À l'oreille, il correspond au son *est* dans la phrase *Virginie est plus sympa que Paul*.
Lorsqu'un mot se termine par un *-es* accentué et n'est pas un pluriel, il faudra un accent grave ***(dès que, accès, procès, après...)***.
Lorsqu'il précède une consonne, elle-même suivie du son *euh*, il faudra presque toujours un accent grave ***(frère, chèque...)***. Notons l'exception du mot ***événement***, qui, selon la logique, devrait s'écrire avec un accent grave *(évènement)* et qui prend pourtant deux aigus.

L'accent grave est également visible sur d'autres lettres que le *e*. On le place sur la préposition **à** pour la distinguer du verbe *avoir* à la troisième personne du singulier de l'indicatif présent.

Pour ne pas faire de faute, il suffit de remplacer *a* ou *à* par ***avait***. Si cela fonctionne, nous ne mettons pas d'accent, sinon nous en mettons un.

Il a la flemme d'aller à l'école
Il avait (oui !) *la flemme d'aller* avait (non !) *l'école*

On doit placer un accent grave sur ***la*** lorsqu'il n'est ni pronom personnel ni article et donc qu'il indique le lieu ou le temps.

Là où je vais, à cette époque-là...
Il la prend dans ses bras, la pomme !

Il faut également un accent grave aux mots suivants : ***çà*** lorsqu'il indique le lieu (très rare, sauf dans l'expression ***çà et là***), ***déjà, de là, holà, voilà***.

Il faut également un accent grave sur le *u* de ***où*** lorsqu'il est impossible de le remplacer par *ou bien*.

Où (ou bien ? non !) *voulez-vous aller ?*
En Suisse ou (ou bien ? oui !) *en Espagne ?*

L'accent circonflexe

Nous pouvons également l'appeler « chapeau » par commodité visuelle. Nous avons déjà vu que dans la conjugaison, chaque fois que nous avons *ît* à l'infinitif *(connaître)*, ce *ît* se retrouvera dans la conjugaison. Nous avons vu dans la conjugaison que les

participes passés ***dû, mû*** et ***crû***, du verbe *croître*, accordés au masculin singulier, prennent un chapeau.
Nous trouvons un chapeau prononçable aux pronoms possessifs ***nôtre*** et ***vôtre***. Il n'y aura jamais de chapeau sur ces mots lorsqu'ils seront suivis d'un nom.

Votre baignoire est belle, la nôtre aussi

Notez que l'on entend la différence.
On trouve également un chapeau sur les adverbes ***assidûment, crûment, goulûment, nûment, congrûment, incongrûment, dûment*** et ***indûment***.
On trouve également un chapeau sur les diminutifs en ***-âtre*** : ***verdâtre, jaunâtre...*** Ces mots, en ancien français, se terminaient en *-astre*. En revanche, les mots finissant par ***-iatre*** et indiquant une fonction de médecin (ce suffixe vient du grec iatros qui désignait le médecin) ne prennent jamais de chapeau : ***pédiatre, gériatre...***

Vous trouverez à la page suivante une liste de mots importants auxquels il serait fautif d'omettre le chapeau. Pour les autres, retenons, en cas d'hésitation, qu'omettre un chapeau est un oubli, mais qu'en mettre où il n'en faut pas est une faute. Mettre un chapeau à *La Bohème* de Charles Aznavour (la confondant avec la Bohême, région germanique) est plus grave que de l'oublier à *alcôve*.
Se lancer dans la mémorisation de tous ces mots serait une opération fastidieuse. Mieux vaut en retenir les plus fréquents, inscrire ceux que l'on a du mal à retenir dans notre abécédaire, et petit à petit les mémoriser grâce à un moyen mnémotechnique

(c'est sur le crâne que l'on met le chapeau) ou en faisant référence à un *s* disparu ***(ancêtre, ancestral)***. En effet, on peut d'ailleurs considérer le chapeau comme la pierre tombale d'un *s* disparu.

Voici quelques mots qu'il nous apparaît bon de connaître :

aîné	***côte***	***grâce***	***plutôt***
ancêtre	***coût***	***honnête***	***prêt***
arrêt	***diplôme***	***hôpital***	***prêter***
bâtir	***enquête***	***hôte***	***rôle***
bâton	***entraîner***	***hôtel***	***sûr*** (certain)
bête	***être***	***île***	***sûrement***
brûler	***extrême***	***impôt***	***surcroît***
chaîne	***extrêmement***	***intérêt***	***symptôme**** *
château	***fête***	***maître***	***tantôt***
chômer	***fenêtre***	***même***	***tête***
conquête	***forêt***	***ôter***	***théâtre***
contrôle	***goût***	***piqûre***	***tôt***

* Mais : *symptomatique*.

Le sens de certaines graphies varie suivant qu'elles prennent un chapeau ou non. Naturellement, c'est du pain bénit pour les fabricants de concours. Voici quelques formules qui peuvent vous aider :

La boîte en carton est munie d'un couvercle.
À force de boiter, le chapeau est tombé.
Charles Aznavour aime chanter* La Bohème *en Bohême.
Comme lieu de vacances, la côte d'Azur a la cote.
Ce fruit mûr est abandonné sur le mur.
Après avoir rodé ses armes, le méchant monsieur rôde dans la forêt.
Je suis sûr que ce fruit sur est sur le mur.
À la longue une telle tâche devient une tache sur notre agenda.

Le tréma

Lorsque deux voyelles forment un seul son *(ai, oi, gue)*, il est possible de les séparer en plaçant deux points sur la deuxième voyelle. Ces deux points s'appellent un tréma. Notons qu'en français il arrive que le *h* provoque la même séparation, comme dans cahier. Si nous enlevions le *h*, nous aurions *cai* qui se prononcerait *ké*. Il est amusant d'imaginer que *cahier* aurait eu la même prononciation si, à la place du *h*, on avait mis deux points sur le *i* : *caïer*.
C'est grâce au tréma que nous pouvons distinguer *mais* dans :

Mais enfin, j'aime le maïs !

En général, avec un peu d'attention, il est aisé de ne pas faire de faute avec les trémas puisqu'on les entend. En revanche, nous nous permettons d'attirer votre attention sur les mots masculins en *-gu* qui se terminent, au féminin, par *-gue*. Afin que l'on puisse prononcer la lettre *u* et la lettre *e*, il faut mettre un tréma sur la seconde voyelle, c'est-à-dire sur le *e* :

Cette guerre (on ne prononce pas le *u*) *est ambiguë*
(on prononce bien le *u* et le *e*)

Les abréviations

Si l'on n'inscrit que le début du mot, on le termine par un point. Par exemple ***sq.*** pour *square*. Si l'on donne le début et la dernière lettre, on ne met pas de point. Par exemple : ***Mme*** pour *madame*.

Le *h* aspiré

Lorsque le *h* n'est pas aspiré, il fonctionne comme une voyelle.

Homme ➡ *l'homme, un bel homme*

Lorsque le *h* est aspiré, il fonctionne comme consonne.

Héros ➡ *le héros, un beau héros*

Possèdent un h aspiré :

habanera	*happer*	*héler*	*horde*
hâbleur	*haquenée*	*henné*	*horion*
hache	*haquet*	*hennir*	*hors*
haddock	*hara-kiri*	*héraut*	*hotte*
hagard	*harangue*	*hercher*	*houblon*
haie	*haras*	*hère*	*houe*
haïk	*harasser*	*hérisser*	*houille*
haillon	*harceler*	*hernie*	*houle*
haine	*harde*	*héron*	*houlette*
haïr	*hardes*	*héros*	*houppe*
haire	*hardi*	*herse*	*houppelande*
halbran	*harem*	*hêtre*	*hourd*
hâle	*hareng*	*heurt*	*houri*
haler	*hargne*	*hibou*	*hourque*
haleter	*haricot*	*hic*	*hourvari*
hall	*haridelle*	*hideux*	*houseaux*
halle	*harnais*	*hie*	*houspiller*
hallebarde	*harpe*	*hile*	*housse*
hallier	*harpie*	*hippie*	*houx*
halo	*harpon*	*hisser*	*hoyau*
halte	*hart*	*hobby*	*hublot*
hameau	*hasard*	*hobereau*	*huche*
hampe	*haschich*	*hocher*	*hucher*
hamster	*hase*	*hockey*	*huer*
hanap	*hâte*	*holding*	*huguenot*
hanche	*hauban*	*hold-up*	*hulotte*
handball	*haubert*	*homard*	*humer*
handicap	*haut*	*home*	*hune*
hangar	*havane*	*hongre*	*huppe*
hanneton	*hâve*	*honnir*	*hure*
hanse	*havresac*	*honte*	*hurler*
hanter	*hayon*	*hoquet*	*hussard*
happening	*heaume*	*hoqueton*	*hutte*

Les chiffres en lettres

Cette partie se révèle particulièrement utile pour la rédaction des chèques. Nous rencontrerons, en tel cas, deux difficultés :

- **Quand met-on un trait d'union ?**
- **Quand met-on un *s*?**

On met un trait d'union entre deux chiffres à l'exception de ***mille*** et de ***cent*** qui n'en veulent ni devant ni derrière eux. C'est ainsi qu'un chèque de 80 365 F s'écrira :

Quatre-vingt mille trois cent soixante-cinq francs

Pour que l'on ait un pluriel au mot *table*, il faut qu'il y en ait au moins deux. Pour la plupart des chiffres, cette situation est impossible. En effet, deux *quatre*, c'est huit. Voilà pourquoi ***quatre*** ne prendra jamais de *s* :

La semaine des quatre jeudis

Seuls trois chiffres peuvent être multipliés : ***vingt, cent*** et ***mille***. Il a été décidé, en raison probablement d'une ancienne prononciation, de laisser *mille* invariable ***(trois mille)*** et de n'accorder *vingt* et *cent* que lorsqu'ils terminent le nombre ***(quatre-vingts, quatre-vingt-un, deux cents, deux cent dix)***.

Nous attirons votre attention sur les cas où *vingt* et *cent* terminent le nombre sans être multipliés. 80 s'écrira avec un *s* à *vingt*, ***quatre-vingts***, car c'est 4 x 20, tandis que 220 s'écrira ***deux cent vingt*** : *vingt* ne prend pas de s, car 220 = 200 + 20, et *vingt* n'est donc pas multiplié.
Si curieux que cela puisse paraître, ***million*** et ***milliard*** sont considérés comme des noms. Dès lors, ils prennent un *s* et provoquent l'accord de *vingt* et *cent*. Donc, si vous faites un chèque de ***deux cents millions***, il faudra *s* à million et *s* à *cent*.
Remarquez, si vous l'oubliez, il est probable que votre fournisseur acceptera tout de même le chèque.
Lorsque l'on dit ***quatre-vingts pages***, il faut *s* à *page* et à *vingt*. En revanche, si l'on dit ***page quatre-vingt***, il est évident que l'on ne mettra pas de *s* à *page* puisqu'il n'y en a qu'une. On a décidé que *vingt* suivrait la même logique. Donc, si une fois dans votre

vie vous écrivez *page 80* en lettres, vous ne mettrez pas de *s* à *vingt* car il s'agit de la quatre-vingtième page. On raisonne de la même façon pour écrire :

Les années quatre-vingt

Le trait d'union

(voir aussi les noms composés, page 54)

L'application de ce petit signe n'obéit pas toujours à une logique évidente ***(état civil, état-major...)*** et le répertoire acquiert ici toute son utilité. Il en va du trait d'union comme de l'accent circonflexe. Si on l'omet, c'est un oubli ; si on le met erronément, c'est une faute. Il vaut mieux oublier les traits d'union à ***c'est-à-dire*** que d'en mettre à ***tout de même***.
Dès lors, nous allons commencer par les cas où il ne faut surtout pas de trait d'union.

On n'en met pas aux mots commençant par :

anté	***para***
anti	***pluri***
co	***poly***
inter	***intra***
sub	***super***

(et autres préfixes d'origine gréco-latine), qui s'écrivent en un mot ***(antimilitariste, pluridisciplinaire)*** à l'exception de : ***intra-muros*** et ***anti-sous-marin***. On l'évitera absolument dans les locutions commençant par ***tout (tout de suite, tout à fait)*** à l'exception de ***tout-puissant*** et ***tout-venant***. Il en ira de même pour ***en dedans, en dehors, en deçà, en delà, en dessous.***

Il faut obligatoirement un trait d'union :

- Entre le verbe et le pronom personnel ou *ce* dans le cas d'un sujet postposé ***(dis-je, était-ce ?, voit-on ?)***

- Entre un impératif non négatif et le(s) pronom(s) personnel(s) quand ils forment un seul groupe phonétique ***(crois-moi ! Dis-le-moi !)***
- Entre le pronom personnel et *même* ***(nous-mêmes, eux-mêmes)***
- Entre *ci, là* et le mot qui suit ou précède ***(celui-ci, celle-là, là-bas)*** à l'exception de : ***de là, par là***
- Avant et après le *t* intercalé à la troisième personne ***(chante-t-elle ?)***

Les noms composés commençant par les mots qui suivent prennent toujours un trait d'union :

abat	un abat-jour
appui	un appui-tête
après	un après-midi
arrière	l'arrière-garde
attrape	un attrape-tout
au + locution adverbiale	au-dessus
avant	l'avant-garde
basse	la basse-cour
beau	un beau-père
belle	ma belle-fille
brise	un brise-lames
cache	un cache-poussière
chasse	un chasse-neige
coupe	un coupe-gorge
couvre	un couvre-lit
croque	un croque-monsieur
cul-de	un cul-de-jatte
demi	une demi-portion
essuie	un essuie-mains
faux	un faux-filet
franc	un franc-parler
garde	garde-à-vous
grand	un grand-père
homme	un homme-grenouille

hors	un hors-d'œuvre
lance	un lance-pierres
libre	un libre-échange
mi	à mi-chemin
non + nom	la non-participation
nu	nu-pieds
œil-de	un œil-de-bœuf
ouvre	un ouvre-boîte
par + locution adverbiale	par-derrière
perce	un perce-neige
pèse	un pèse-bébé
petit	un petit-fils
pied	un pied-à-terre
pique	un pique-nique
quasi + nom	un quasi-délit
saint	le saint-simonisme
sans	un sans-abri
semi	semi-automatique
sud	un Sud-Africain
tête	un tête-à-tête
timbre	un timbre-poste
tue	un tue-mouches
vide	un vide-ordures
wagon	un wagon-lits

Nous attirons aussi votre attention sur quelques locutions qui nous paraissent importantes et qui demandent systématiquement un trait d'union :

un aide-comptable
l'amour-propre
anglo-saxon
un à-valoir
un blanc-seing
à brûle-pourpoint
c'est-à-dire
chef-d'œuvre
chef-lieu
coffre-fort
un deux-points (signe de ponctuation)
un deux-roues
un deux-pièces

une en-tête
l'état-major
un à-propos
un in-folio
un in-octavo
un in-quarto
le laisser-aller
un laissez-passer
un laissé-pour-compte
un lieu-dit
une loi-cadre
un long-courrier
une longue-vue
une machine-outil
un m'as-tu-vu
une moins-value
un oto-rhino-laryngologiste
le plus-que-parfait
la plus-value
un post-scriptum (qu'on abrège en P-S et non PS)
un pot-de-vin
le prêt-à-porter
un prête-nom
un procès-verbal
le rez-de-chaussée
un rond-point
la science-fiction
un souffre-douleur
un taille-crayons
un tiroir-caisse
la trachée-artère
un trop-plein
un trop-perçu
un va-et-vient
un va-nu-pieds
un vis-à-vis (mais : *vis à vis de lui…*)

Les mots perturbateurs

Le but est ici de vous familiariser avec quelques petits mots qui ont l'art de nous irriter. Nous en avons d'abord choisi cinq fréquemment employés. Ensuite, nous en examinerons d'autres dont l'emploi est moins répandu.

Ce et se

Veillons à ne pas confondre ***ce*** et ***se***. Cette faute est très courante et particulièrement mal vue.

- ***Se* est un pronom personnel et ne se place que devant un verbe.**
- ***Ce* est un adjectif démonstratif.**

Pour ne pas faire de faute, si ce n'est pas un verbe qui suit, on peut mettre *ce* sans hésiter. Si c'est un verbe autre que *être*, on peut écrire *se* avec la même certitude. S'il précède le verbe *être*, on met *ce* ou *c'* quand on peut le remplacer par *cela* ou *ceux-là*. Sinon, on met *se* ou *s'*.

Ce garçon se regardait continuellement dans la glace, c'est une bonne chose qu'il se soit calmé.

Gens

Gens est à l'origine un mot latin qui signifie « famille ». En français, il est employé systématiquement au pluriel, et la tradition orale ne s'est pas stabilisée sur un féminin ou un masculin ; ce qui fait que si l'on dit ***tous ces braves gens***, l'on dit aussi ***toutes ces vieilles gens***. Les grammairiens ont constaté que *gens* fonctionnait au féminin quand l'adjectif qui précède possède une forme féminine différente de sa forme masculine. Ils ont donc décidé que *gens* est masculin. Mais s'il est précédé d'un adjectif dont la forme féminine diffère de la forme masculine *(bon-bonne ; vieux-vieille)*, cet adjectif et tous ceux qui le précèdent (autrement que par inversion) se mettent au féminin. Par exemple, on écrira :

tous ces braves gens sont partis

car on dit :

un homme brave et une femme brave

et

toutes ces vieilles gens sont partis

car on dit :

un homme vieux et une femme vieille

Notez au passage que ***partis*** situé après ***gens*** reste au masculin dans tous les cas.

Gens suivi de la préposition ***de*** et d'un nom qui désigne une profession, une qualité ou un état quelconque restera toujours au masculin. Ainsi, l'on dira :

ces vieux gens de lettres

Leur

Quand faut-il un *s* à *leur*?

D'abord, il faut savoir que *leur* ne prendra jamais de *e*. Ensuite, *leur* est toujours invariable devant un verbe :

Je leur ai parlé

En revanche, s'il est adjectif possessif et se trouve placé devant un nom mis au pluriel, il prendra un *s* :

Les soldats ont rendu leurs armes

Notez que l'expression ***les leurs*** est toujours au pluriel.

Même

Quand *même* prend-il un *s*?

Même varie lorsqu'il est impossible de le remplacer par *aussi*.

Toutes les mêmes !

Il est évident que *toutes les aussi* ne voudrait pas dire grand-chose. Il en ira de même pour :

Les mêmes causes produisent les mêmes effets

En revanche, si le sens d'*aussi* apparaît dans la phrase, *même* sera invariable.

Même ses amis le regardaient d'un drôle d'air

Nous attirons votre attention sur l'expression plurielle ***nous-mêmes***. Beaucoup font la faute parce qu'ils se disent que l'on peut remplacer ***nous-mêmes*** par *nous aussi*. Or si vous rentrez chez vous, que vous apercevez votre conjoint en train de faire la vaisselle et que vous lui dites : ***je la ferai moi-même***, il cesse aussitôt de la faire. En revanche, si vous lui dites ***je la ferai moi aussi***, vous agirez de conserve. On voit dans cet exemple qu'il est impossible de remplacer *moi-même* par *moi aussi*. Dès lors ***nous-mêmes, vous-mêmes*** (pluriel), ***elles-mêmes, eux-mêmes***, etc., prendront un *s*.

Quelque

Veillons à ne pas confondre ***quelque, quel que*** et ***qu'elle***. On utilise ***qu'elle*** dès qu'il est possible de le remplacer par *qu'il*. Par exemple :

J'aimerais qu'elle le voie

Il n'y a pas d'hésitation possible puisque l'on peut dire : *j'aimerais qu'il le voie*. Dans l'expression ***quel que soit*** et ***quel qu'ait été***, ***quel*** sera toujours séparé de ***que***. Notez que, dans ce cas, ***quel*** s'accorde avec le nom qui suit le verbe *être* employé au subjonctif. Sinon, c'est ***quelque*** qui prendra un *s* si le nom qui suit est au pluriel.

Elle vendait quelques crayons
et quelques cartes postales

Nous attirons votre attention sur ***quelque***, qui peut signifier « n'importe quel ». Dans ce cas, le nom qui suit se met au singulier et ***quelque*** aussi.

Il possédait quelque mansuétude à son égard

Tout

Tout peut être **pronom, adjectif** ou **adverbe**.

- **Lorsqu'il est pronom**, on le prononce. Il est donc impossible de faire une faute ; il faudrait le faire exprès.

Nous irons tous au paradis

- **Lorsqu'il est adjectif**, le *s* du masculin pluriel ne se prononce pas. Dans ces cas, il est impossible de le remplacer par *tout à fait, entièrement*.

Tous ces gens

- On le peut, en revanche, **lorsqu'il est adverbe** et invariable.

Anne est tout étonnée

Par là nous voulons dire « entièrement étonnée », et dans ce cas ***tout*** sera invariable et il ne faudra pas de *e*. Néanmoins, si nous disons :

Anne est toute surprise

normalement nous ne devrions pas mettre de *e*, mais puisqu'on le prononce il est impossible de ne pas le mettre (*e* euphonique). C'est pourquoi, dans une grammaire, vous lirez que *tout* est invariable lorsqu'il est adverbe sauf si l'adjectif féminin qui suit commence par une consonne. Mais, dans la pratique, et si vous regardez les quelques exemples que nous venons de vous donner, le seul où vous pourriez faire une faute, c'est lorsqu'Anne est tout étonnée. On a tendance à ajouter un *e*. Autrement dit, on fait rarement de faute à *tout*, et si vous passez un concours rappelez-vous l'étonnement d'Anne. Notons, au passage, qu'au pluriel *tout* peut se voir accordé lorsqu'il est pronom et invariable quand il est adverbe. Le sens variera.

Les robes sont toutes abîmées

signifie que chaque robe est atteinte, peu importe le degré.

Les robes sont tout abîmées

signifie que les robes sont complètement fichues. Dans la pratique, il suffit de se fier à sa prononciation et l'on dira exactement ce que l'on veut dire. De toute façon, grammaticalement, les deux formes sont correctes.

Quelques expressions sources de difficultés

Nous allons examiner maintenant quelques mots sur l'orthographe desquels on peut hésiter, même s'ils ne sont pas aussi importants que les précédents.

- L'expression ***par acquit de conscience*** s'écrit avec un ***t***, car acquit vient du verbe ***acquitter*** (en l'occurrence sa conscience) et non pas d'*acquérir*.

- Soyons poète et écrivons correctement ***les bois d'alentour*** avant de visiter ***les alentours***.

- ***Aucun*** et ***aucune*** s'écrivent toujours au singulier. C'est normal car *aucun* = 0 et le pluriel commence à 2. Donc le mot qui suit *aucun* est toujours au singulier et *aucun* s'accorde avec lui. Parfois, le mot qui suit n'a pas de singulier. Il s'écrit donc au pluriel et *aucun* continue de s'accorder avec lui.

Cela ne vous demandera aucuns frais

En outre, il prend un s dans l'expression *d'aucuns* + verbe.

D'aucuns estiment qu'il mérite cette lettre

▪ ***Au revoir***, qui s'écrit évidemment en deux mots, est invariable. Ainsi l'on écrira ***des au-revoir***.

▪ Doit-on écrire ***aussitôt*** en un ou deux mots ?
En un mot lorsqu'il signifie « tout de suite ».

Aussitôt, il entra

Lorsqu'on peut le remplacer par *aussi tard*, c'est signe que l'emploi est erroné. **Il faut employer *si*** plutôt qu'*aussi* : ***si tôt, si tard***.

4 heures du matin ! Merci d'être venu si tôt

▪ Doit-on écrire ***autour*** en un ou deux mots ?
En un lorsqu'on contourne, en deux lorsque c'est à l'autre de jouer.

Arrêtez de tourner autour du pot,
de toute façon c'est au tour de votre voisin

▪ Doit-on écrire ***ballade*** avec un ou deux *l* ?

Le chanteur se balade
en chantant sa ballade

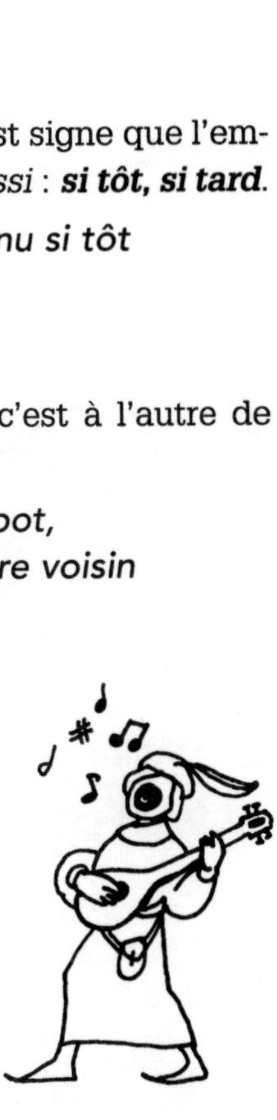

Balade avec un *l* signifie « promenade » et ***ballade*** « chanson » ou « poème ». Pour retenir cela, dites-vous que l'orthographe de ce terme est si spéciale qu'***elle se balade avec une jambe***.

▪ Doit-on écrire ***bientôt*** en un ou deux mots ?
En un mot si l'on veut dire que la chose attendue arrivera dans peu de temps :

Je reviendrai bientôt

En deux mots lorsqu'on peut le remplacer par *bien tard* :

Vous êtes venu bien tôt aujourd'hui

▪ Constatons que ***bonhomie*** ne prend qu'un *m* et que ***bonhomme*** en prend deux.

▪ Lorsque l'on est ***en butte*** à quelque chose ou à quelqu'un, cela ne veut pas dire qu'on a un ***but*** à atteindre ; il s'agit par exemple d'affronter la butte Montmartre.

▪ Doit-on commencer ***censé*** par *s* ou par *c*?
Par *c* lorsque l'on parle d'une réputation et **par *s*** lorsqu'on met en exergue le bon sens de la personne.

Madame est censée être sensée !

▪ Constatons que ***combatif*** ne prend qu'un *t* et que ***combattant*** en prend deux.

▪ S'il vous prend de hurler ***à cor et à cri***, vous utiliserez votre cœur (*cor* en latin) et non votre corps.

▪ Retenez coûte que coûte que ***coûte que coûte*** est toujours invariable.

▪ Doit-on écrire ***davantage*** en un ou deux mots ?
En un lorsqu'il signifie *plus* et **en deux** lorsqu'il s'agit d'un avantage. D'ailleurs,

Nous n'avons pas d'avantage
à faire davantage de fautes à ces deux mots

▪ Comme on ne dira pas d'une femme qu'elle est *deboute*, autant laisser ***debout*** toujours invariable.

▪ Puisque

Madame n'a d'égale que son mari

on accordera ***égal*** avec le sujet.

▪ Au masculin singulier, ***délai*** ne prend pas de *s*, à l'inverse de ***relais***.

▪ Lorsqu'on vit ***aux dépens*** de quelqu'un, il s'agit du verbe ***dépenser*** et non du verbe *dépendre*.

▪ Doit-on écrire ***détoner*** avec un ou deux *n*?
Avec deux lorsque tout explose.
Avec un lorsqu'on n'est pas dans le ton.

On trouva que je détonais, en maillot de bain à ce mariage,
alors qu'à l'extérieur les pétards détonnaient

▪ Doit-on écrire ***différent*** avec un *d* ou avec un *t*?
Avec un *t* lorsque l'on parle d'une différence.
Avec un *d* lorsqu'il s'agit d'une opposition.

D'ailleurs, nous avons eu des différends très différents

▪ Le participe passé s'est lié à des articles pour former les adjectifs suivants, à toujours orthographier en un mot :

ledit, ladite, lesdits, lesdites, susdit, susdits,
susdite, susdites

▪ Dans les dîners en ville, veillez à bien prononcer ***en définitive*** !

▪ ***En tout cas*** préfère avoir tout au masculin singulier et ***dans tous les cas*** le réclame au pluriel. Dans le premier cas, il s'agit de n'importe quel cas. Dans le second, ils y sont tous.

▪ Doit-on écrire ***entrain*** en un ou deux mots ?
En deux mots, l'expression ***en train de***, très fréquente dans les mauvaises traductions de texte anglais, ne doit pas être confondue avec ***avoir de l'entrain*** (de l'enthousiasme).

▪ Ne confondons pas l'***ère*** chrétienne, l'***aire*** (surface) de jeu, le pauvre ***hère*** (homme malheureux du Moyen Âge) qui portait l'***haire*** (vêtement rustique) et avait un drôle d'***air***.

▪ Que faire lorsqu'on a des problèmes de ***fond*** ? On écrit ***fond*** (au singulier) lorsqu'il s'agit du bas *(le fond de la bouteille, le fond d'une affaire)*, ***fonds*** lorsqu'il s'agit d'argent *(le fonds de commerce)* et ***fonts*** dans l'expression *les fonts baptismaux*.

▪ ***For*** est un vieux mot qui signifie « tribunal ». Quand vous voulez dire que, dans son tribunal intérieur, votre conjoint sait que vous avez raison, vous pouvez dire : ***dans son for intérieur***.

▪ Il est bon de savoir qu'on ***sait gré*** à quelqu'un de quelque chose. Il s'agit de l'expression ***savoir gré*** et non pas *être gré* : ***je vous sais gré*** et non pas *je vous suis gré*.

▪ Certaines personnes prononcent ***gageure*** « gajure », mais elles doivent veiller à ne pas faire de fautes en l'écrivant.

▪ Avez-vous remarqué que ***gentil*** prend un *l*, ***gentillesse*** en prend deux, mais que ***gentiment*** n'en veut pas ?

En 1521, après la bataille de Pavie, François Ier écrivit à sa mère pour lui dire qu'il avait tout perdu sauf l'honneur. Pour ce faire, il utilisa un vieux mot, ***fors***, qui signifiait *sauf*, et écrivit :

Tout est perdu fors l'honneur.

▪ Doit-on écrire ***goutter*** avec un ou deux *t*? Avec un *t* (et un chapeau, ***goûter***) s'il s'agit de déguster quelque chose et avec deux si l'on laisse des gouttes tomber.

▪ Doit-on dire **elle a l'air hautain** ou **elle a l'air hautaine**? Si l'on veut dire *sembler*, *paraître*, on accorde avec le sujet.

Ces propositions ont l'air sérieuses

Si l'on veut insister sur la physionomie, on le laisse invariable.

Ces filles ont l'air hautain

(Elles ont un air qui est hautain.)

Si *avoir l'air* est suivi d'un complément, l'accord se fait avec *air* :

Elle a l'air sérieux comme un pape

▪ ***Heur*** est un vieux mot français qui signifie « chance » et que vous retrouvez dans *bonheur*. La forme correcte est : ***je n'ai pas l'heur de lui plaire*** et non *je n'ai pas l'air de lui plaire*. Dans le langage courant, on utilise l'expression ***avoir l'air*** par ressemblance phonétique.

Nous retrouvons le même phénomène dans l'expression ***parler français comme un Basque espagnol***, qui est devenue ***parler français comme une vache espagnole***. Alors que les vaches françaises font autant de fautes que les autres !

▪ Si vous traitez quelqu'un d'***imbécile***, mettez-lui un seul *l*. Si vous dites qu'il souffre d'***imbécillité***, dites-vous qu'il en mérite deux. C'est le genre de phrase où il vaut mieux ne pas se tromper.

▪ Si vous êtes ***irrité*** avec deux *r*, soyez ***irascible*** avec un seul.

▪ On peut écrire : ***c'est malbâti***. Néanmoins, ce n'est pas une faute de l'écrire en deux mots.

▪ Constatons qu'***artisanat*** ne prend qu'un *n* et que ***paysannat*** en prend deux.

▪ On utilise ***notable*** lorsque que la personne est digne d'être connue et ***notoire*** lorsque tout le monde est au courant. Pour le retenir, il suffit de se dire qu'un notable n'est pas toujours connu.

Il est notoire que cette personne est notable

▪ Veillons à ne pas faire de fautes à ***on*** suivi d'une négation.

On n'y arrivera pas

La liaison phonétique nous incite à oublier le *n'*.

▪ ***Par endroits, par instants, par moments*** et ***par à-coups.*** Comme il y a plusieurs endroits, plusieurs instants... ils prennent un *s*.

▪ Pendant la ***pause*** (interruption), les mannequins interrompent la ***pose***. Il suffit de penser au verbe *poser*.

▪ Que faire avec **plein de**?
Il varie ou reste invariable selon qu'il est adjectif ou préposition.

Les poches pleines d'argent (adjectif)
De l'argent plein les poches (préposition)

C'est assez difficile au masculin où on n'entend pas la différence.

Des bijoux plein les meubles
Les meubles pleins de bijoux

L'idéal est de retenir, parmi les quatre exemples ci-dessus, ceux qui possèdent un complément féminin et de les adapter.

▪ Doit-on écrire **plutôt** en un ou deux mots? **En deux** si on peut remplacer par *plus tard*. **En un** si l'on ne peut pas.

C'était plutôt à lui d'arriver plus tôt
C'était plus tard (non!) *à lui d'arriver plus tard* (oui!)

▪ ***Presque*** ne s'élide que dans *presqu'île* :

Il est presque évident
que nous sommes presque arrivés à la presqu'île

▪ Doit-on mettre un *t* ou un *d* à ***quand***? Si ***quand*** signifie *lorsque*, il prend un *d*. Il prend un *t* lorsqu'il veut dire *en ce qui concerne*. Ne vous fiez pas à la prononciation de ***quand arrive-t-on***? ***Quant*** ne s'emploie qu'avec *à* ***(quant à lui)*** ou à la, *au, aux* ***(quant aux autres)***.

▪ Si je ne veux pas vexer quelqu'un, dois-je lui dire qu'il ***résonne*** ou qu'il ***raisonne***? Le second, car le premier se contente de reproduire un bruit alors que l'autre pense.

▪ Dois-je mettre un *y* à ***satire***? C'est déconseillé, car un ***satyre*** est un méchant monsieur au coin du bois et une ***satire*** est un texte plutôt moqueur. D'ailleurs, le satyre, qui n'aime pas rire, déteste la satire.

▪ Notons que ***verglas*** se termine par un *s* et que ***verglacé*** préfère utiliser un *c*.

Quelques confusions

Elles sont très prisées des fabricants de concours.

Veillons à ne pas confondre…

Art, are et **arrhes**
Le premier concerne les artistes, le deuxième est une mesure de surface (1 000 m^2) et le troisième est financier.

Prêt, près
Prêt (à), équivalent de l'anglais *ready*, et ***près (de)***, qui veut dire « à côté » ! ***L'homme prêt à tout sait être tout près du pouvoir.***

Acceptation et **acception**
L'***acceptation*** est le fait d'accepter et l'***acception*** désigne le sens d'un mot.

Aéro- et **aréo-**
Les mots commençant par ***aéro-*** font allusion à l'air *(aéroplane)* et les mots commençant par ***aréo-*** viennent du grec ***aréopage***, qui désignait un tribunal siégeant sur une colline.

Agonir et **agoniser**
Agonir quelqu'un consiste à l'insulter. ***Agoniser*** signifie « être mourant ».

Voir et **voire**
Voir signifie *regarder* et ***voire*** est synonyme de *et même.*

Il est fou, voire dangereux

Collusion et **collision**
S'il y a collusion, il n'y aura pas de collision, car la ***collusion*** signifie une entente secrète contre une tierce personne et une ***collision*** signale un choc entre deux éléments.

Conjecture et **conjoncture**
La ***conjecture*** est une opinion fondée sur des apparences et la ***conjoncture*** une situation dépendant de diverses circonstances.

Inclinaison et **inclination**
Le premier mot s'utilise au sens propre. On parlera de l'***inclinaison*** de la tour de Pise.
Le second désigne une sympathie pour quelqu'un. On dira :

Paul a de l'inclination pour Virginie

Tribu et **tribut**
Le premier désigne une tribu aborigène, le second est un impôt. Remarquez qu'actuellement,

les tribus indiennes paient leur tribut

Quelques petits trucs

Voici enfin quelques moyens d'améliorer notre orthographe d'usage. Pour ceux qui n'ont pas une bonne mémoire visuelle, il est évident que l'étude des cas qui suivent est très ardue. C'est ici également qu'un répertoire se révèle indispensable.

Terminaisons difficiles

La fin de certains mots pose problème ; voici quelques indications.

- Les mots masculins finissant par le son *air* prennent un *e* à l'exception de : ***air, clair*** (au masculin singulier), ***éclair, flair, pair*** (au masculin singulier) et ***impair*** (au masculin singulier).

▪ Doit-on finir par ***-tiel*** ou ***-ciel***? Par ***-tiel (partiel)*** à l'exception des mots courants qui suivent : ***circonstanciel, logiciel, officiel, révérenciel*** et ***tendanciel***.

▪ Les mots finissant par le son *euil* s'écrivent ***-ueil***, avec la même prononciation, lorsqu'ils sont précédés des lettres *c* et *g*.

Il m'accueille dans un fauteuil, quel orgueil!

▪ Les mots finissant par ***-ionnel*** prennent deux *n*.

▪ Les mots finissant par ***-ionisme*** prennent deux *n* sauf s'ils sont dérivés de *Sion* et d'*union* ***(sionisme, unionisme)***.

▪ Les mots finissant par *-ission* s'écrivent ***-tion*** à l'exception de ***suspicion, scission*** et des mots se terminant en ***-mission (démission, permission...)***.

▪ Les verbes finissant par le son *ir* se terminent par *r* à l'exception de ceux dont le participe présent s'écrit en *-isant* et en *-ivant* ***(transcrire, dire)***. Ce à quoi nous ajouterons ***frire, maudire*** (à l'origine : *dire du mal*), ***rire et sourire***.

▪ Les adjectifs finissant par le son *il* au masculin singulier se terminent par *e*, sauf ***civil, puéril, subtil, vil, viril*** et ***volatil***.

▪ Les noms finissant par le son *is* finissent par *-ice* à l'exception de ***bâtisse, coulisse, écrevisse, génisse, glisse, jaunisse, réglisse*** et ***saucisse***.

▪ Doit-on écrire ***-ment*** ou ***-mant***? La plupart des mots se terminent par ***-ment*** à l'exception des participes présents et d'***allemand, caïman, diamant, dolman, gourmand, flamant,*** (oiseau), ***flamand, imam*** et ***normand***.

▪ Souvenons-nous que *n* devient *m* devant *b, p* et *m* à l'exception de ***bonbon, embonpoint*** et ***néanmoins***.

▪ Les mots finissant par *-nat* prennent un *n* à l'exception de ***bâtonnat, championnat, paysannat, pensionnat, quinquennat*** et ***septennat***.

▪ Les adjectifs terminés par le son *oir* prennent *e* au masculin à l'exception notoire de ***noir***.
Les noms masculins terminés par le son ***oir*** ne prennent pas de *e* à l'exception de : ***accessoire, auditoire, conservatoire, interrogatoire, ivoire, laboratoire, observatoire, réfectoire*** et ***territoire***.
Les noms féminins terminés par le son *oir* prennent un *e*.
Les verbes terminés par le son *oir* ne prennent pas de *e* à l'exception de ***boire*** et ***croire***.

▪ Les verbes terminés par *-quer* ***(appliquer)*** conservent le *qu* dans toute leur conjugaison, mais les noms et adjectifs qui en dérivent changent le *qu* en *c* ***(applicable, indicateur...)*** à l'exception de : ***attaquable, critiquable, immanquable, remarquable*** et ***risquable***.

Quelques doublements de consonnes

En voici quelques-uns aisément mémorisables.

▪ Entre deux voyelles, *s* se prononce *z* à l'exception de ***parasol, resaler, resalir, resucée, soubresaut, tournesol*** et ***vraisemblable*** (source : *Petit Robert* 1992).

▪ Lorsqu'un mot commence par *a* et qu'il nie le mot qui suit, il n'y aura jamais de doublement de consonne ***(atypique, apolitique)***.

En outre, lorsque ce mot nié commence par un *s*, celui-ci ne se redouble pas bien qu'il ne se prononce pas *z* ***(asocial)***.

▪ Les mots commençant par *af-* doublent le *f* à l'exception de : ***afin, Afrique*** (+ dérivés).
Af à l'intérieur d'un mot ne double pas le *f* à l'exception de ***gaffe, piaffer*** et ***taffetas***.

▪ Le *b* ne se redouble jamais à l'exception de : ***abbé, abbaye, sabbat, gibbon, gibbosité*** et ***rabbin***.

▪ Les mots commençant par *dif-* doublent le *f* qui suit.

▪ Les mots commençant par *du-* et *dy-* ne doublent pas la consonne qui suit.

▪ Les mots commençant par *ed-* ne doublent pas le *d*.

▪ Les mots commençant par *ef-* doublent le *f* à l'exception d'***éfaufiler***.

▪ Les mots commençant par *em-* ne doublent pas le *m* sauf quand le son *an* précède le son *m* ***(emmener...)***.

▪ Les mots commençant par *en-* ne doublent pas le *n* à l'exception d'***ennemi*** et quand le son *an* précède le son *n* ***(enneiger...)***,.

▪ Les mots commençant par *ep-* ne doublent pas le *p*.

▪ Les mots commençant par *et-* ne doublent pas le *t*.

▪ Les mots commençant par *fu-* ne doublent pas la consonne qui suit.

▪ Les mots commençant par *ji-*, *jo-* et *ju-* ne doublent pas la consonne qui suit.

▪ Les mots commençant par *lo-* ne doublent pas la consonne qui suit.

▪ *Quid* des adverbes en *-ment*?
Ils prennent deux *m* quand le *-ment* est précédé du son *a* ***(évidemment, constamment)***. Pour savoir s'il faut écrire *a* ou *e*, prenez le mot le plus proche : ***fréquence* ➡ *fréquemment, constance* ➡ *constamment.***

▪ Les mots commençant par *mi-* ne doublent pas la consonne qui suit à l'exception de ***mille, million, milliard*** (+ dérivés) et de tous les mots commençant par *milli-*.

▪ Les mots commençant par *oc* + voyelle doublent le *c* à l'exception de : ***océan*** (+ dérivés) et ***oculiste*** (+ dérivés).

▪ Les mots commençant par *od* + voyelle ne doublent pas le *d*.

▪ Les mots commençant par *of* + voyelle doublent le *f* à l'exception d'***oflag***.

▪ Les mots commençant par *ol-*, *om-* et *on* + voyelle ne doublent pas le *l*, le *m* et le *n*.

▪ Les verbes contenant le son *aner* prennent un *n* à l'exception de : ***enrubanner, tanner*** et ***vanner***.

▪ Les verbes contenant le son *onner* prennent deux *n* à l'exception de ***dissoner, détoner*** (dans le sens d'être « hors du ton ». Dans le sens d'« exploser » : deux *n*), ***époumoner, prôner, ramoner*** et ***trôner***.

▪ Les mots contenant le son *on* prennent deux *n* dans leurs composés. ***(chanson* ➡ *chansonnette)*** à l'exception de ***tonique, tonalité*** (ton), ***sonore*** et ***sonorité*** (son).

▪ Les mots commençant par *or* + voyelle ne doublent pas le *r*.

▪ Les mots commençant par *ot* + voyelle ne doublent pas le *t* à l'exception d'***ottoman***.

▪ Les mots contenant le son *ouf* prennent deux *f* à l'exception de ***camoufler, soufre*** (mais ***souffrir***), ***moufle*** et ***pantoufle***.

▪ Les mots commençant par *si-* ne doublent pas la consonne qui suit à l'exception de ceux commençant par *siff-* ***(siffler)*** et *sillon-* (+ dérivés).

▪ Les mots commençant par *sy-* ne doublent pas la consonne qui suit à l'exception de *syl* + voyelle qui prend toujours deux *l*.

▪ Les mots contenant le son *uf* prennent deux *f* à l'exception de ***manufacture, mufle, génuflexion*** et ***usufruit***.

▪ Les mots finissant par *-ution* s'écrivent avec un *t* à l'exception de ***concussion, discussion, percussion*** et ***répercussion***.

▪ Les mots commençant par *x* + voyelle ne doublent pas la consonne qui suit.

Annexe I

Petits principes d'étymologie

L'étymologie se révèle un auxiliaire précieux pour mémoriser l'orthographe de nombreux mots. Il n'est pas inutile de vous en donner quelques aperçus.

Éléments grecs

L'origine de mots français peut être de deux types : soit le mot a suivi une évolution classique liée à celle de la prononciation, comme le montre l'encadré suivant ;

Fiche philologique du mot *chaise*

Grec (Athènes)	καθεδρα
Latin littéraire	*cathedra*
Latin de Gaule	*catédra*
IIIe siècle	*kçadedra*
IVe siècle	*tsadeedra*
Ve siècle	*tsadiedra*
VIIIe siècle	*tsadiedre*
XIe siècle	*tsaiere*
XIIIe siècle	*tchaire*
XVe siècle	*chaire*
XVIIe siècle	*chaise*

Source : A. Lanly, *Fiches de philologie française*, Paris 1971.

soit ils sont réinventés à partir d'une autre langue. Ainsi, lorsque, aux environs de l'an mil, l'Europe construisit des églises en grand nombre, elle baptisa « cathédrale » celles où se trouvait le siège épiscopal, symbole de pouvoir.
Un grand nombre de mots français sont formés à partir d'éléments pris dans le grec ancien (ve siècle avant notre ère). La langue athénienne utilisant une écriture différente de la nôtre, il fallut adapter.

C'est ainsi que...

Le φ *(phi)* grec qu'on prononce *f* s'écrira *ph (pharmacie...)*
Le χ *(chi)* grec qu'on prononce *k* s'écrira *ch (chorégraphie...)*
Le θ *(thêta)* grec qu'on prononce *t* s'écrira *th (théologie...)*
L'υ *(upsilon)* grec qu'on prononce *i* s'écrira *y (physique...)*

Quant à l'« esprit rude » grec ῾, signe que l'on prononçait en accentuant la voyelle sur laquelle il se trouvait, on le transposa en un *h*. Exemple : ὁμοιος (*omoios* = semblable) donnera ***homosexuel***.

Dès lors, une connaissance des principaux éléments grecs à l'origine d'une anomalie orthographique (pour les autres éléments, fiez-vous à votre ouïe) permet d'éviter un grand nombre d'embûches.

Liste de racines grecques

Suffixes :

-cratos (κρατος) : la force.
Ex. : *démocratie.*

-gnathos (γναθος) : mâchoire.
Ex. : *prognathe.*

-thèque (θεκη) : l'armoire.
Ex. : *bibliothèque.*

Préfixes :

A (α) : cette lettre avait une connotation négative, privative. Elle fut reprise en ce sens dans un grand nombre de mots.
Exemple : *anormal, athée.* Lorsque cette lettre est suivie d'une voyelle, on rajoute un n. Exemple : *analphabète.* Lorsqu'un mot commence par a et que cette lettre nie la suite du mot, il n'y a pas de doublement de consonne.

Acanth (ἀκανθα) : épine.
Ex. : *acanthocéphale.*

Amphi (ἀμφι) : double, de deux côtés, de part et d'autre.
Ex. : *amphithéâtre.*

Anthrac (ἀνθρακ) : charbon.
Ex. : *anthracite.*

Anthropos (ἀνθροπος) : être humain.
Ex. : *anthropologie.*

Archeos (ἀρκαιος) : ancien.
Ex. : *archéologie.*

Arithmos (ἀριθμος) : le nombre.
Ex. : *arithmétique.*

Arthron (ἀρθρον) : articulation.
Ex. : *arthrite.*

Bary (βαρυς) : lourd.
Ex. : *baryton.*

Cephalè (κεφαλη) : tête.
Ex. : *céphalée, céphalalgie.*

Chloros (χλορος) : jaune verdâtre.
Ex. : *chlorophile.*

Choros (χωρος) : le chœur.
Ex. : *chorégraphie.*

Chroma (χρωμα) : couleur.
Ex. : *chromatique.*

Chronos (χρονος) : le temps.
Ex. : *chronomètre.*

Chrysos (χρυσος) : l'or.
Ex. : *chrysolithe.*

Conchylios (κογχιλιον) : coquillage.
Ex. : *conchyliologie.*

Cristallos (κρισταλλος) : le verre.
Ex. : *cristallifère.*

Cryptos (κρυπτος) : caché.
Ex. : *crypte.*

Cyanos (κυανος) : bleu.
Ex. : *cyanure.*

Cyclos (κυκλος) : cercle.
Ex. : *bicyclette.*

Cynos (κυων, κυνος) : chien.
Ex. : *cynodrome.*

Cyphos (κυφος) : convexe.
Ex. : *cyphose.*

Cytos (κυτος) : cellule.
Ex. : *cytoplasme.*

Dacry (δακρυ) : la larme.
Ex. : *dacryde.*

Dactylon (δαχτυλον) : le doigt.
Ex. : *dactylographe.*

Dis ou dys (δυσ).
Dis : préfixe d'origine latine signifiant *différent, séparé de.*
Ex. : *disproportion.*
Dys : préfixe d'origine grecque signifiant *difficulté, mauvais état.* Ex. : *dysenterie.*

Dynamis (δυναμις) : la force.
Ex. : *dynamique.*

Embryon (ἐμβρυων) : le fœtus.
Ex. : *embryon.*

Encephalon (ἐνκεφαλον) : le cerveau.
Ex. : *encéphalogramme.*

Esthesis (αἰσθησις) : la sensation.
Ex. : *anesthésie.*

Gloss/glotta (γλωττα/γλωσσα) : la langue.
Ex. : *glossaire, polyglotte.*

Glucos (γλυκος) : doux.
Ex. : *glycémie.*

Gramma (γραμμα) : lettre.
Ex. : *grammaire.*

Gymnos (γυμνος) : nu. Ex. : gymnastique.

Gynè (γυνη) : femme.
Ex. : *misogyne.*

Gyros (γυρος) : cercle.
Ex. : *gyroscope.*

Hecton (ἑκατον) : cent.
Ex. : *hectolitre.*

Helios (ἡλιος) : soleil.
Ex. : *heliothérapie.*

Hema, hematos (αἱμα, αἱματος) : sang.
Ex. : *hématome.*

Hemera (ἡμερα) : le jour.
Ex. : *éphémère.*

Hemi (ἡμι) : moitié.
Ex. : *hémisphère.*

Hepar, hepatos (ἡπαρ, ἡπατος) : le foie.
Ex. : *hépatite.*

Heteros (ἡτερος) : autre.
Ex. : *hétérosexuel.*

Hidros (ἱδρος) : la sueur.
Ex. : *hidradénome.*

Hieros (ἱερος) : sacré.
Ex. : *hiéroglyphe.*

Hippos (ἱππος) : le cheval.
Ex. : *hippodrome.*

Histios (ἱστιος) : tissu.
Ex. : *histogenèse.*

Holos (ὁλος) : entier.
Ex. : *hologramme.*

Homoios (ὁμοιος) : semblable.
Ex. : *homosexuel.*

Horos (ὁρος) : heure.
Ex. : *horoscope.*

Hydr (ὑδωρ, ὑδατος) : eau.
Ex. : *hydrogène.*

Hygros (ὑγρος) : humidité.
Ex. : *hygromètre.*

Hyper (ὑπερ) : au-delà de, excès.
Ex. : *hypercritique.*

Hypnos (ὑπνος) : sommeil.
Ex. : *hypnose.*

Hypo (ὑπο) : au-dessous de, insuffisance.
Ex. : *hypoderme.*

Hypsos (ὑπσος) : hauteur.
Ex. : *hypsométrie.*

Iatros (ἰατρος) : le médecin.
Ex. : *psychiatre* (pas de ^ sur le *a*).

Laryngos (λαρυγχ, λαρυγγος) : gorge.
Ex. : *laryngite.*

Latrein (λατρευειν) : adorer.
Ex. : *idolâtre.*

Lithos (λιθος) : pierre.
Ex. : *lithographie.*

Lysis (λυσις) : dissolution.
Ex. : *électrolyse.*

Mnemos (μνημος) : souvenir.
Ex. : *mnémotechnique.*

Morphè (μορφη) : la forme.
Ex. : *morphologie.*

Mycos (μυκος) : champignon.
Ex. : *mycoderme.*

Myos (μυς, μυος) : muscle.
Ex. : *myographie.*

Mythos (μυθος) : légende.
Ex. : *mythologie.*

Nephros (νεφρος) : rein.
Ex. : *néphrologie.*

Œnos (οἰνος) : le vin.
Ex. : *œnologie.*

Oligos (ὀλιγος) : peu nombreux.
Ex. : *oligo-élément.*

Omphalos (ὀμφαλος) : le nombril.
Ex. : *omphalotropis.*

Ophtalmos (ὀφθαλμος) : l'œil.
Ex. : *ophtalmologiste.*

Opisthen (ὀπισθεν) : en arrière.
Ex. : *opisthodome.*

Ornithos (ὀρνιθος) : l'oiseau.
Ex. : *ornithologie.*

Orthos (ὀρθος) : droit.
Ex. : *orthographe.*

Oxy/oxyd (ὀξυς) : aigu, acide.
Ex. : *oxygène.*

Pachy (παχυς) : épais, gros.
Ex. : *pachyderme.*

Pathos (παθος) : la souffrance.
Ex. : *pathologie.*

Phagein (φαγειν) : manger.
Ex. : *lithophage.*

Phaneros (φανερος) : clair, visible.
Ex. : *phanérogames.*

Pharmacon (φαρμαχον) : médicament.
Ex. : *pharmacie.*

Pharyngos (φαρυγχ, φαρυγγος) : gosier.
Ex. : *pharyngite.*

Phenein (φηνειν) : briller.
Ex. : *phénomène.*

Philos (φιλος) : ami.
Ex. : *philatélie.*

Phlebos (φλεψ, φλεβος) : la veine.
Ex. : *phlébite.*

Phlogos (φλοξ) : la flamme.
Ex. : *phlogistique.*

Phobos (φοβος) : la crainte.
Ex. : *phobie.*

Phonos (φονος) : le son.
Ex. : *téléphone.*

Phoros (φορος) : qui porte.
Ex. : *sémaphore.*

Photos (φοτος) : la lumière.
Ex. : *photo.*

Phyllon (φυλλον) : la feuille.
Ex. : *phylloxéra.*

Physis (φυσις) : la nature.
Ex. : *physique.*

Phyton (φυτον) : la plante.
Ex. : *phytophage.*

Pithécos (πιθεκος) : le singe.
Ex. : *pithécanthrope.*

Pnein (πνειν) : respirer.
Ex. : *apnée.*

Pneuma (πνευμα) : le poumon.
Ex. : *pneumatique.*

Polis (πολις) : la ville.
Ex. : *métropole.*

Poly (πολυ) : nombreux.
Ex. : *polygone.*

Psychè (ψυχη) : l'esprit.
Ex. : *psychologie.*

Psylla (ψυλλα) : la puce.
Ex. : *psylliade.*

Pterygien (πτηρυγιον) : la nageoire.
Ex. : *acanthoptérygien.*

Ptysie (πτυειν) : cracher.
Ex. : *hémoptysie.*

Pyelos (πυΫλος) : la cavité.
Ex. : *pyélographie.*

Pygè (πυγη) : la fesse.
Ex. : *amblypyges.*

Pyon (πυον) : le pus.
Ex. : *pyogène.*

Pyros (πυρος) : le feu.
Ex. : *pyromane.*

Rhabdos (ῥαβδος) : la baguette.
Ex. : *rhabdomancie.*

Rhein (ῥειν) : couler.
Ex. : *rhéostat, Rhin.*

Rhinos (ῥισ, ῥινος) : nez.
Ex. : *rhinocéros.*

Rhiza (ῥιζα) : la racine.
Ex. : *rhizopodes.*

Rhodon (ῥοδον) : rose.
Ex. : *rhododendron.*

Schizein (σχιζειν) : fendre.
Ex. : *schizophrène.*

Sphera (σφαιρα) : la sphère.
Ex. : *sphérique.*

Staphylè (σταφυλη) : grain de raisin.
Ex. : *staphylocoque.*

Stylos (στυλος) : le poinçon, la colonne.
Ex. : *style.*

Syl, sym, syn, sy (συλ, συμ, συν, συ) : avec, ensemble.
Ex. : *syllabe, symétrie, synonyme.*

Tachy (ταχυς) : rapide.
Ex. : *tachymètre.*

Technè (τεχνη) : l'art.
Ex. : *technologie.*

Thalamos (θαλαμος) : le mariage.
Ex. : *thalamiflore.*

Thalassa (θαλασσα) : la mer.
Ex. : *thalassothérapie.*

Thallos (θαλλος) : le rameau.
Ex. : *thallophyte.*

Theos (θεος) : dieu.
Ex. : *athée.*

Therapeuein (θεραπευειν) : soigner.
Ex. : *thérapie.*

Thermos (θερμος) : la chaleur.
Ex. : *thermos.*

Theron (θηρ) : la bête sauvage.
Ex. : *théridion.*

Thesis (θησις) : action de poser.
Ex. : *hypothèse.*

Thoracos (θωραξ, θωρακος) : la poitrine.
Ex. : *thoracoplastie.*

Thrombos (θρομβος) : le caillot.
Ex. : *thrombose.*

Trochos (τροχος) : la roue.
Ex. : *throchocéphale.*

Trophè (τρωφη) : la nourriture.
Ex. : *hypertrophie.*

Xanthos (ξανθος) : jaune.
Ex. : *xanthoderme.*

Xylon (ξυλον) : le bois.
Ex. : *xylophone.*

Zôon (ζωον) : l'animal.
Ex. : *zoologie* (on ne doit prononcer qu'un *o*).

Annexe II

Liste mnémotechnique des formes verbales

(voir page 32)

avoir

Présent	J'ai, tu as, il a, nous avons, ils ont
Imparfait	*Comme le « nous »*
Participe présent	ayant
Subjonctif présent	que j'aie, que tu aies, qu'il ait, que nous ayons, qu'ils aient
Futur	j'aurai
Conditionnel	j'aurais
Participe passé	eu
Passé simple	j'eus, il eut, nous eûmes, vous eûtes, ils eurent
Subjonctif imparfait	que j'eusse, qu'il eût

être

Présent	je suis, tu es, il est, nous sommes, vous êtes, ils sont
Imparfait	j'étais, nous étions
Participe présent	étant
Subjonctif présent	que je sois, qu'il soit, que nous soyons, qu'ils soient
Futur	je serai
Conditionnel	je serais
Participe passé	été (toujours invariable)
Passé simple	je fus, il fut, nous fûmes, vous fûtes, ils furent
Subjonctif imparfait	que je fusse, qu'il fût

menacer

Présent	je menace, tu menaces, il menace, nous menaçons, vous menacez, ils menacent
Imparfait	je menaçais, nous menacions
Participe présent	menaçant

Subjonctif présent	que je menace, que nous menacions
Futur	je menacerai
Conditionnel	je menacerais
Participe passé	menacé
Passé simple	je menaçai, il menaça, nous menaçâmes, ils menacèrent
Subjonctif imparfait	que je menaçasse, qu'il menaçât

ranger

Présent	je range, nous rangeons, vous rangez
Imparfait	je rangeais, nous rangions, ils rangeaient
Participe présent	rangeant
Subjonctif présent	que je range, que nous rangions
Futur	je rangerai
Conditionnel	je rangerais
Participe passé	rangé
Passé simple	je rangeai, il rangea, nous rangeâmes, ils rangèrent
Subjonctif imparfait	que je rangeasse, qu'il rangeât

envoyer

Présent	j'envoie, tu envoies, il envoie, nous envoyons, ils envoient
Imparfait	*Comme le « nous »*
Participe présent	*Comme le « nous »*
Subjonctif présent	que j'envoie, que nous envoyions
Futur	j'enverrai
Conditionnel	j'enverrais
Participe passé	envoyé
Passé simple	j'envoyai, il envoya, ils envoyèrent
Subjonctif imparfait	que j'envoyasse, qu'il envoyât

aller

Présent	je vais, tu vas, il va, nous allons, ils vont
Imparfait	*Comme le « nous »*
Participe présent	*Comme le « nous »*
Subjonctif présent	que j'aille, que nous allions, qu'ils aillent
Futur	j'irai
Conditionnel	j'irais
Participe passé	allé
Passé simple	j'allai, il alla, ils allèrent
Subjonctif imparfait	que j'allasse, qu'il allât

venir
(+ tous les composés de *venir* et de *tenir*)

Présent	je viens, nous venons, ils viennent
Imparfait	*Comme le « nous »*
Participe présent	*Comme le « nous »*
Subjonctif présent	que je vienne, que nous venions, qu'ils viennent
Futur	je viendrai
Conditionnel	je viendrais
Participe passé	venu
Passé simple	je vins, il vint, nous vînmes, ils vinrent
Subjonctif imparfait	que je vinsse, qu'il vînt

faire

Présent	je fais, nous faisons, vous faites, ils font
Imparfait	*Comme le « nous »*
Participe présent	*Comme le « nous »*
Subjonctif présent	que je fasse, que nous fassions
Futur	je ferai
Conditionnel	je ferais
Participe passé	fait
Passé simple	je fis, il fit, nous fîmes, ils firent
Subjonctif imparfait	que je fisse, qu'il fît

sortir
(+ tous les dérivés de *mentir, sentir, sortir, partir*)

Présent	je sors, nous sortons
Imparfait	*Comme le « nous »*
Participe présent	*Comme le « nous »*
Subjonctif présent	*Comme le « nous »*
Futur	*Comme l'infinitif*
Conditionnel	*Comme l'infinitif*
Participe passé	sorti
Passé simple	je sortis, il sortit, nous sortîmes, ils sortirent
Subjonctif imparfait	que je sortisse, qu'il sortît

bouillir

Présent	je bous, nous bouillons
Imparfait	*Comme le « nous »*

Participe présent	*Comme le « nous »*
Subjonctif présent	que je bouille, que nous bouillions
Futur	*Comme l'infinitif*
Conditionnel	*Comme l'infinitif*
Participe passé	bouilli
Passé simple	je bouillis, il bouillit, nous bouillîmes, ils bouillirent
Subjonctif imparfait	que je bouillisse, qu'il bouillît

faillir

Conditionnel	je faillirais
Participe passé	failli
Passé simple	je faillis, il faillit

dormir

Présent	je dors, nous dormons
Imparfait	*Comme le « nous »*
Participe présent	*Comme le « nous »*
Subjonctif présent	*Comme le « nous »*
Futur	*Comme l'infinitif*
Conditionnel	*Comme l'infinitif*
Participe passé	dormi
Passé simple	je dormis, il dormit
Subjonctif imparfait	que je dormisse, qu'il dormît

courir

Présent	je cours, nous courons
Imparfait	*Comme le « nous »*
Participe présent	*Comme le « nous »*
Subjonctif présent	que je coure, que nous courions (*comme le « nous »*)
Futur	je courrai
Conditionnel	je courrais
Participe passé	couru
Passé simple	je courus, il courut
Subjonctif imparfait	que je courusse, qu'il courût

mourir

Présent	je meurs, il meurt, nous mourons, ils meurent

Imparfait	*Comme le « nous »*
Participe présent	*Comme le « nous »*
Subjonctif présent	que je meure, que nous mourions, qu'ils meurent
Futur	je mourrai
Conditionnel	je mourrais
Participe passé	mort
Passé simple	je mourus, il mourut, nous mourûmes, ils moururent
Subjonctif imparfait	que je mourusse, qu'il mourût

servir
(desservir, resservir…)

Présent	je sers, nous servons, ils servent
Imparfait	*Comme le « nous »*
Participe présent	*Comme le « nous »*
Subjonctif présent	*Comme le « nous »*
Futur	*Comme l'infinitif*
Conditionnel	*Comme l'infinitif*
Participe passé	servi
Passé simple	je servis, il servit, nous servîmes, ils servirent
Subjonctif imparfait	que je servisse, qu'il servît

fuir

Présent	je fuis, nous fuyons, ils fuient
Imparfait	*Comme le « nous »*
Participe présent	*Comme le « nous »*
Subjonctif présent	que je fuie, que nous fuyions
Futur	*Comme l'infinitif*
Conditionnel	*Comme l'infinitif*
Participe passé	fui
Passé simple	je fuis, il fuit, nous fuîmes
Subjonctif imparfait	que je fuisse, qu'il fuît

apercevoir

Présent	j'aperçois, nous apercevons, ils aperçoivent
Imparfait	*Comme le « nous »*
Participe présent	*Comme le « nous »*
Subjonctif présent	que j'aperçoive, que nous apercevions, qu'ils aperçoivent

Futur	j'apercevrai
Conditionnel	j'apercevrais
Participe passé	aperçu
Passé simple	j'aperçus, il aperçut
Subjonctif imparfait	que j'aperçusse, qu'il aperçût

voir
(entrevoir, revoir)

Présent	je vois, nous voyons, ils voient
Imparfait	*Comme le « nous »*
Participe présent	*Comme le « nous »*
Subjonctif présent	que je voie, que nous voyions
Futur	je verrai
Conditionnel	je verrais
Participe passé	vu
Passé simple	je vis, il vit, nous vîmes, ils virent
Subjonctif imparfait	que je visse, qu'il vît

prévoir

Présent	*cf.* voir
Imparfait	*cf.* voir
Participe présent	*cf.* voir
Subjonctif présent	*cf.* voir
Futur	je prévoirai
Conditionnel	je prévoirais
Participe passé	*cf.* voir
Passé simple	*cf.* voir
Subjonctif imparfait	cf. voir

pourvoir

Présent	je pourvois, nous pourvoyons, ils pourvoient
Imparfait	*Comme le « nous »*
Participe présent	*Comme le « nous »*
Subjonctif présent	que je pourvoie, que nous pourvoyions
Futur	*Comme l'infinitif*
Conditionnel	*Comme l'infinitif*

Participe passé	pourvu
Passé simple	je pourvus, il pourvut
Subjonctif imparfait	que je pourvusse, qu'il pourvût

savoir

Présent	je sais, nous savons
Imparfait	*Comme le « nous »*
Participe présent	sachant
Subjonctif présent	que je sache, que nous sachions
Futur	je saurai
Conditionnel	je saurais
Participe passé	su
Passé simple	je sus, il sut
Subjonctif imparfait	que je susse, qu'il sût

devoir

Présent	je dois, nous devons, ils doivent
Imparfait	*Comme le « nous »*
Participe présent	*Comme le « nous »*
Subjonctif présent	que je doive, que nous devions, qu'ils doivent
Futur	je devrai
Conditionnel	je devrais
Participe passé	dû, due, dus, dues
Passé simple	je dus, il dut
Subjonctif imparfait	que je dusse, qu'il dût

pouvoir

Présent	je peux/je puis, il peut, nous pouvons, ils peuvent
Imparfait	*Comme le « nous »*
Participe présent	*Comme le « nous »*
Subjonctif présent	que je puisse, que nous puissions
Futur	je pourrai
Conditionnel	je pourrais
Participe passé	pu
Passé simple	je pus, il put,
Subjonctif imparfait	que je pusse, qu'il pût

émouvoir

Présent	j'émeus, tu émeus, nous émouvons, ils émeuvent
Imparfait	*Comme le « nous »*
Participe présent	*Comme le « nous »*
Subjonctif présent	que j'émeuve, que nous émouvions
Futur	j'émouvrai
Conditionnel	j'émouvrais
Participe passé	je suis ému
Passé simple	j'émus, il émut
Subjonctif imparfait	que j'émusse, qu'il émût

pleuvoir

Présent	il pleut
Imparfait	il pleuvait
Participe présent	pleuvant
Subjonctif présent	qu'il pleuve
Futur	il pleuvra
Conditionnel	il pleuvrait
Participe passé	il a plu
Passé simple	il plut
Subjonctif imparfait	qu'il plût

falloir

Présent	il faut
Imparfait	il fallait
Subjonctif présent	qu'il faille
Futur	il faudra
Conditionnel	il faudrait
Participe passé	fallu
Passé simple	il fallut
Subjonctif imparfait	qu'il fallût

valoir

Présent	je vaux, il vaut, nous valons, ils valent
Imparfait	*Comme le « nous »*
Participe présent	*Comme le « nous »*
Subjonctif présent	que je vaille, que nous valions, qu'ils vaillent
Futur	je vaudrai

Conditionnel	je vaudrais
Participe passé	valu
Passé simple	je valus, il valut
Subjonctif imparfait	que je valusse, qu'il valût

vouloir

Présent	je veux, il veut, nous voulons, ils veulent
Imparfait	*Comme le « nous »*
Participe présent	*Comme le « nous »*
Subjonctif présent	que je veuille, que nous voulions, qu'ils veuillent
Futur	je voudrai
Conditionnel	je voudrais
Participe passé	voulu
Passé simple	je voulus, il voulut
Subjonctif imparfait	que je voulusse, qu'il voulût

asseoir
(première version)

Présent	j'assois, il assoit, nous assoyons, ils assoient
Imparfait	*Comme le « nous »*
Participe présent	*Comme le « nous »*
Subjonctif présent	que j'assoie, que nous assoyions
Futur	j'assoirai
Conditionnel	j'assoirais
Participe passé	assis
Passé simple	j'assis, il assit
Subjonctif imparfait	que j'assisse, qu'il assît

(deuxième version)

Présent	j'assieds, il assied, nous asseyons, ils asseyent
Imparfait	*Comme le « nous »*
Participe présent	*Comme le « nous »*
Subjonctif présent	*Comme le « nous »*
Futur	j'assiérai
Conditionnel	j'assiérais
Participe passé	assis
Passé simple	j'assis, il assit
Subjonctif imparfait	que j'assisse, qu'il assît

seoir
(au sens d'*être assis*)

Participe présent	séant
Participe passé	sis

seoir
(au sens de *convenir*)

Présent	il sied, ils siéent
Imparfait	il seyait, ils seyaient
Participe présent	seyant
Subjonctif présent	qu'il siée, qu'ils siéent
Futur	il siéra, ils siéront
Conditionnel	il siérait, ils siéraient

messeoir
(ne pas être convenable)

Présent	il messied, ils messiéent
Imparfait	il messeyait, ils messeyaient
Participe présent	messeyant
Subjonctif présent	qu'il messiée, qu'ils messiéent
Futur	il messiéra, ils messiéront
Conditionnel	il messiérait, ils messiéraient

surseoir

Présent	je sursois, nous sursoyons, ils sursoient
Imparfait	*Comme le « nous »*
Participe présent	*Comme le « nous »*
Subjonctif présent	que je sursoie, que nous sursoyions
Futur	je surseoirai (*comme le « nous »*)
Conditionnel	je surseoirais (*comme le « nous »*)
Participe passé	sursis
Passé simple	je sursis, il sursit
Subjonctif imparfait	que je sursisse, qu'il sursît

choir

Présent	je chois, tu chois, il choit (les formes *nous* et *vous* n'existent pas), ils choient
Futur	je choirai ou je cherrai (pensez au *Petit Chaperon rouge* !)
Conditionnel	je choirais, je cherrais

Passé simple	je chus, il chut
Subjonctif imparfait	qu'il chût (seule forme reconnue)

échoir

Présent	il échoit, nous échoyons, ils échoient
Subjonctif présent	qu'il échoie
Futur	il échoira, ils échoiront,
Conditionnel	il échoirait, ils échoiraient
Passé simple	il échut, ils échurent
Subjonctif imparfait	qu'il échût

déchoir

Présent	je déchois, nous déchoyons, ils déchoient
Subjonctif présent	que je déchoie, que nous déchoyions
Futur	je déchoirai,
Conditionnel	je déchoirais
Participe passé	déchu
Passé simple	je déchus, il déchut
Subjonctif imparfait	que je déchusse, qu'il déchût

prendre

Présent	je prends, nous prenons, ils prennent
Imparfait	*Comme le « nous »*
Participe présent	*Comme le « nous »*
Subjonctif présent	que je prenne, que nous prenions, qu'ils prennent
Futur	*Comme l'infinitif*
Conditionnel	*Comme l'infinitif*
Participe passé	pris
Passé simple	je pris, il prit
Subjonctif imparfait	que je prisse, qu'il prît

battre

Présent	je bats, nous battons
Imparfait	*Comme le « nous »*
Participe présent	*Comme le « nous »*
Subjonctif présent	*Comme le « nous »*
Futur	*Comme l'infinitif*
Conditionnel	*Comme l'infinitif*

Participe passé	battu
Passé simple	je battis, il battit
Subjonctif imparfait	que je battisse, qu'il battît

convaincre

Présent	je convaincs, il convainc, nous convainquons, ils convainquent
Imparfait	*Comme le « nous »*
Participe présent	*Comme le « nous »*
Subjonctif présent	*Comme le « nous »*
Futur	*Comme l'infinitif*
Conditionnel	*Comme l'infinitif*
Participe passé	convaincu
Passé simple	je convainquis, il convainquit
Subjonctif imparfait	que je convainquisse, qu'il convainquît

acquérir

Présent	j'acquiers, nous acquérons, ils acquièrent
Imparfait	*Comme le « nous »*
Participe présent	*Comme le « nous »*
Subjonctif présent	que j'acquière, que nous acquérions
Futur	j'acquerrai
Conditionnel	j'acquerrais
Participe passé	acquis
Passé simple	j'acquis, il acquit
Subjonctif imparfait	que j'acquisse, qu'il acquît

plaire

Présent	je plais, il plaît, nous plaisons
Imparfait	*Comme le « nous »*
Participe présent	*Comme le « nous »*
Subjonctif présent	*Comme le « nous »*
Futur	*Comme l'infinitif*
Conditionnel	*Comme l'infinitif*
Participe passé	plu
Passé simple	je plus, il plut
Subjonctif imparfait	que je plusse, qu'il plût

connaître

Présent	je connais, il connaît, nous connaissons

Imparfait	*Comme le « nous »*
Participe présent	*Comme le « nous »*
Subjonctif présent	*Comme le « nous »*
Futur	*Comme l'infinitif*
Conditionnel	*Comme l'infinitif*
Participe passé	connu
Passé simple	je connus, il connut
Subjonctif imparfait	que je connusse, qu'il connût

naître

Présent	je nais, il naît, nous naissons
Imparfait	*Comme le « nous »*
Participe présent	*Comme le « nous »*
Subjonctif présent	*Comme le « nous »*
Futur	*Comme l'infinitif*
Conditionnel	*Comme l'infinitif*
Participe passé	né
Passé simple	je naquis, il naquit
Subjonctif imparfait	que je naquisse, qu'il naquît

paître

Présent	je pais, il paît, nous paissons
Imparfait	*Comme le « nous »*
Participe présent	*Comme le « nous »*
Subjonctif présent	*Comme le « nous »*
Futur	*Comme l'infinitif*
Conditionnel	*Comme l'infinitif*

repaître

Participe passé	repu
Passé simple	je repus, il reput
Subjonctif imparfait	que je repusse, qu'il repût

croire

Présent	je crois, nous croyons, ils croient
Imparfait	*Comme le « nous »*
Participe présent	*Comme le « nous »*
Subjonctif présent	que je croie, que nous croyions
Futur	*Comme l'infinitif*
Conditionnel	*Comme l'infinitif*

Participe passé	cru
Passé simple	je crus, il crut
Subjonctif imparfait	que je crusse, qu'il crût

croître

Présent	je croîs, nous croissons
Imparfait	*Comme le « nous »*
Participe présent	*Comme le « nous »*
Subjonctif présent	*Comme le « nous »*
Futur	*Comme l'infinitif*
Conditionnel	*Comme l'infinitif*
Participe passé	crû, crue, crus, crues
Passé simple	je crûs, il crût
Subjonctif imparfait	que je crûsse, qu'il crût

boire

Présent	je bois, nous buvons, ils boivent
Imparfait	*Comme le « nous »*
Participe présent	*Comme le « nous »*
Subjonctif présent	que je boive, que nous buvions, qu'ils boivent
Futur	*Comme l'infinitif,* je boirai (*je buvrai* est faux puisque le futur part de l'infinitif et non du *nous*)
Conditionnel	*Comme l'infinitif*
Participe passé	bu
Passé simple	je bus, il but
Subjonctif imparfait	que je busse, qu'il bût

clore

Présent	je clos (les formes *nous* et *vous* n'existent pas), ils closent
Participe présent	closant
Subjonctif présent	que je close
Futur	je clorai
Conditionnel	je clorais
Participe passé	clos

résoudre

Présent	je résous, il résout, nous résolvons
Imparfait	*Comme le « nous »*

Participe présent	*Comme le « nous »*
Subjonctif présent	*Comme le « nous »*
Futur	*Comme l'infinitif*
Conditionnel	*Comme l'infinitif*
Participe passé	résolu
Passé simple	je résolus, il résolut
Subjonctif imparfait	que je résolusse, qu'il résolût

coudre

Présent	nous cousons
Imparfait	*Comme le « nous »*
Participe présent	*Comme le « nous »*
Subjonctif présent	*Comme le « nous »*
Futur	*Comme l'infinitif*
Conditionnel	*Comme l'infinitif*
Participe passé	cousu
Passé simple	je cousis, il cousit
Subjonctif imparfait	que je cousisse, qu'il cousît

moudre

Présent	nous moulons
Imparfait	*Comme le « nous »*
Participe présent	*Comme le « nous »*
Subjonctif présent	*Comme le « nous »*
Futur	*Comme l'infinitif*
Conditionnel	*Comme l'infinitif*
Participe passé	moulu
Passé simple	je moulus, il moulut
Subjonctif imparfait	que je moulusse, qu'il moulût

vivre

Présent	je vis, nous vivons
Imparfait	*Comme le « nous »*
Participe présent	*Comme le « nous »*
Subjonctif présent	*Comme le « nous »*
Futur	*Comme l'infinitif*
Conditionnel	*Comme l'infinitif*
Participe passé	vécu
Passé simple	je vécus, il vécut
Subjonctif imparfait	que je vécusse, qu'il vécût

lire

Présent	je lis, nous lisons
Imparfait	*Comme le « nous »*
Participe présent	*Comme le « nous »*
Subjonctif présent	*Comme le « nous »*
Futur	*Comme l'infinitif*
Conditionnel	*Comme l'infinitif*
Participe passé	lu
Passé simple	je lus, il lut
Subjonctif imparfait	que je lusse, qu'il lût

dire

Présent	je dis, nous disons, vous dites
Imparfait	*Comme le « nous »*
Participe présent	*Comme le « nous »*
Subjonctif présent	*Comme le « nous »*
Futur	*Comme l'infinitif*
Conditionnel	*Comme l'infinitif*
Participe passé	dit
Passé simple	je dis, nous dîmes, ils dirent
Subjonctif imparfait	que je disse, qu'il dît

écrire

Présent	j'écris, nous écrivons
Imparfait	*Comme le « nous »*
Participe présent	*Comme le « nous »*
Subjonctif présent	*Comme le « nous »*
Futur	*Comme l'infinitif*
Conditionnel	*Comme l'infinitif*
Participe passé	écrit
Passé simple	j'écrivis, il écrivit
Subjonctif imparfait	que j'écrivisse, qu'il écrivît

Exercices

1. Écrivez au futur ou au conditionnel

Je partir… quand il me plaira.
Je verr… bien Sophie Marceau présidente de la République.
J'aimer… mieux manger des frites que des petits pois.
Tu croyais que j'accepter… ?
Il croit vraiment que j'accepter… cette offre.
Si je pouvais, je partir… tout de suite.
S'il revient, je partir… sur l'heure. Je lui avais juré que je le reverr…
Je crois que je lui parler…
Monsieur le directeur, j'aimer… vous parler.

2. Participe présent ou adjectif verbal ?

Accommod… *(accommoder)* son métier à sa passion, il rencontra des gens bien plus accommod… *(accommoder)*.
Les professeurs amusan… *(amuser)* sont rares.
Apais… *(apaiser)* les enfants, les éducateurs ont redressé la situation.
Trouvez une solution accommod… *(accommoder)*.
Les grévistes adhér… *(adhérer)* à cette association sont automatiquement adhér… *(adhérer)* au syndicat.
Les soldats afflu… *(affluer)*, le pays fut envahi.
En vous communi… *(communiquer)* ces informations, nous tâchons d'être convain… *(convaincre)* et non d'être fatig… *(fatiguer)*.
À force de rencontrer des gens exig… *(exiger)*, nous sommes devenus exig… *(exiger)* nous aussi.
Les personnes navig… *(naviguer)* sur le vol 747 se sont plaintes du personnel navig… *(naviguer)*.
Les participes précéd… *(précéder)* étaient plus faciles.
Cette femme provo… *(provoquer)*, en provo… *(provoquer)* ses rivales s'est fait des ennemies.
Cette atmosphère suffo… *(suffoquer)* fut pour nous plus que fatig… *(fatiguer)*.

3. Écrivez au singulier à la personne correspondante (ex. : nous chantons = je chante)

Nous envoyons :
Ils aboient :
Vous sortez :
Nous tuons :
Vous voyez :
Vous essuyez :
Nous congelons :
Vous criiez :
Nous achetons :
Vous soumettez :

4. Complétez cette lettre de réclamation :

Le 15 janvier dernier, je… *(quitter)* le logement dont je… *(être)* le locataire et vous en… *(restituer)* les clés.

Près de cinq mois… *(s'écouler)* depuis, et je… *(ne pas avoir reçu)* le remboursement du dépôt de garantie que je vous… *(verser)* en début de location.

Il… *(s'agir)* sûrement d'un oubli de votre part, car je… *(penser)* être quitte envers vous. Mes loyers… *(payer)* et l'état des lieux que nous… *(établir)* lors de mon départ ne… *(faire)* apparaître aucune dégradation qui me… *(être)* imputable. Je vous… *(rappeler)* que, suivant l'article 22 de la loi du 6 juillet 1989 qui… *(régir)* les relations entre bailleurs et locataires, le dépôt de garantie… *(devoir)* être restitué dans les deux mois… *(suivre)* la remise des clés et qu'à défaut de leur restitution, dans le délai prévu, le solde… *(devoir)* au locataire, après arrêté des comptes,… *(produire)* intérêt au taux légal.

Je vous… *(demander)* donc de me faire parvenir dans les plus brefs délais l'intégralité de ce dépôt de garantie, soit 10 000 francs, majoré de 700 francs,… *(correspondre)* à trois mois d'intérêts au taux légal de 9,69 %.

Je vous… *(prier)* d'agréer, Monsieur, l'expression de mes sentiments distingués.

5. Complétez cette lettre de réclamation :

Je… *(recevoir)* mon relevé de communications téléphoniques pour la période du 15 janvier au 15 mars : son montant… *(élever anormalement)*, compte tenu de ma consommation habituelle. Vous… *(pouvoir)*, en effet, remarquer que les relevés précédents n'… *(atteindre)* jamais la somme qui m'… *(être facturé)*.

Aucune modification n'… *(être intervenu)*, dans mes habitudes ou dans celles de ma famille, qui… *(pouvoir)* expliquer cette augmentation soudaine, je vous… *(demander)* de faire toutes les vérifications utiles sur ma ligne et de me donner le détail des opérations effectuées.

En… *(attendre)* les résultats de votre enquête, je vous… *(régler)* cette facture sur la base de ma consommation habituelle.

… *(Recevoir)*, Monsieur, l'assurance de mes sentiments distingués.

6. Complétez ce texte de Chateaubriand, écrit au passé :

Un boulanger nous… *(héberger)*. Le soir, vers les 9 heures, je… *(aller)* faire ma cour au Roi. Sa Majesté… *(être)* logée dans les bâtiments de l'abbaye : on… *(avoir)* toutes les peines du monde à empêcher les jeunes filles de la Légion-d'Honneur de crier : *Vive Napoléon !* Je… *(entrer)* d'abord dans l'église ; un pan de mur… *(attenir)* au cloître… *(être)* tombé ; l'antique abbatial n'… *(être)* éclairée que d'une lampe. Je… *(faire)* ma prière à l'entrée du caveau où je… *(voir)* descendre Louis XVI : plein de crainte sur l'avenir, je ne… *(savoir)* si j… *(avoir)* de ma vie le cœur… *(noyer)* d'une tristesse plus profonde et plus religieuse. Ensuite, je… *(se rendre)* chez sa Majesté :… *(introduire)* dans une des chambres qui… *(précéder)* celle du Roi, je ne… *(trouver)* personne : je… *(s'asseoir)* dans un coin et j… *(attendre)*. Tout à coup une porte… *(s'ouvrir)* : …*(entrer)* silencieusement le vice… *(appuyer)* sur le bras du crime, M. de Talleyrand… *(marcher)*… *(soutenir)* par M. Fouché : la vison infernale… *(passer)* lentement devant moi,… *(pénétrer)* dans le cabinet du roi et… *(disparaître)*. Fouché… *(venir)* jurer foi et hommage à son seigneur : le féal régicide, à genoux,… *(mettre)* les mains qui… *(faire)* tomber la tête de Louis XVI entre les mains du frère du roi martyr ; l'évêque apostat… *(être)* caution du serment.

7. Complétez : er ou é ?

Voyag… coûte moins cher aujourd'hui, alors que jadis j'ai voyag… presque gratuitement.
Il est 7 heures, j'ai peur de manqu… mon train.
L'argent emprunt… m'a sauv… la vie.
Merci de m'envoy… un nouveau courrier si possible mieux rédig…
Excusez-moi de vous parl… sur ce ton, mais cet homme m'a indispos…
Vous êtes fou de vous baign… par un temps pareil !

8. Le participe passé comme épithète. Complétez :

Vive les œufs battu... !
La tanche rebuté..., il trouva du goujon
La somme du...
Le montant du...
Gardez ces meubles fermé...
La vérité révélé..., le philosophe rentra chez lui
Il est 3 heures passé...
J'ai trouvé Sylvie fatigué...
Louis XIV avait une chaise percé...
Tous vendu...
Ils se sont sentis dépassé...
Regarde tout le chemin parcouru...
Je vous trouve, à toutes, l'air fatigué...
Je vous trouve, toutes, fatigué...
Ces livres colorié... me déplaisent
Voici des filles béni... par la chance
Voici de l'eau béni...
Vaincu... par Rome, Carthage disparut de l'histoire
Bien observé..., cette comète est intéressante
La vérité prouvé..., nous n'avions plus qu'à l'admettre
Abreuvé... de honte, la Reine perdit sa perruque
Relégué... sur une île, les prisonniers ne purent s'enfuir
Laissez votre cigarette éteint...

9. Le participe passé avec être. Complétez :

Ces gens sont bien revenu...
Il est 2 heures et demie passé...
Elle et lui sont revenu...
L'air est pollué...
De drôles de gens y sont allé...
Mon frère et moi, nous sommes venu...
Quantité d'idées ont été proposé...
L'agriculture est mal développé...
La grève n'est pas fini...
Nous n'en sommes pas revenu...
Où sont-ils allé... ?
Cette femme et cet homme sont revenu...
L'assemblée est dissou...
Ces bonnes gens ont été invité...
Mon frère et ma sœur sont sorti...
Tant d'amour et de joie seraient resté... sans réponse.
Monsieur le Président, vous êtes calmé... ?
Les soldats et les civils sont blessé...
Tous les gens étaient représenté...
Ils étaient si peu pourvu...
Il a vendu avant qu'ils ne fussent ruiné...
Ils ne sont pas réveillé...
Ils sont dégonflé...
Tout le monde était parti...

10. Le participe passé avec avoir. Complétez :

La voie que nous avons suivi...
Ils ont remué... des souvenirs.
Les meubles qu'elle a ouvert...
La bouteille de bière que j'ai bu...
C'est sa femme et lui que j'ai toujours aimé...
La bouteille du vin que vous m'avez conseillé...
Nous avons beaucoup vécu...
La chèvre que j'ai vu...
Avez-vous vu... l'obélisque ?
Les circonstances ont changé...
La vie que nous avons vécu...
La rose que vous avez dessiné...
J'ai dissou... l'assemblée
Ils ont reçu... bien des encouragements
La maison que nous avons acheté...
Elles nous ont invité..., mon frère et moi
Les tableaux que je t'ai gardé...
Ils ont reconnu... cette fille
Les arbustes que nous avons planté...
Les raisons que vous avez mis... en avant
Quelle attitude a-t-elle pris... ?
Ils n'ont pas répété... leur propos
Ces propos qu'elles n'ont pas répété...
Il a refusé les vases qu'elle lui avait offert...
Ces moments délicieux que vous m'avez procuré...
Napoléon a défait... les Russes en 1810

11. Le participe passé pronominal ou réfléchi. Complétez :

Nous nous sommes téléphoné...
Elles se sont baissé...
Ils ne se sont pas fleuri... eux-mêmes
Il s'en est passé... des choses
Les choses qui se sont passé...
Ils se sont reconnu...
Nous nous sommes rencontré...
L'histoire que nous nous sommes raconté...
Nous nous sommes regardé...
Nous nous sommes nui...
Nous nous sommes vu...
Nous nous sommes parlé...

Les glaces qu'elle s'est offert...
Ils se sont serré... la main
Ils se sont donné... la main
Ils se sont moqué... de moi
Les problèmes se sont succédé...
Ils se sont apprécié...
Ils se sont rappelé... leurs vacances
Pourquoi se sont-ils écarté... de lui ?
Les vacances qu'ils se sont rappelé...
Ils se sont juré... de vaincre
Ils se sont fait... les complices de ce vol
Ils se sont réconcilié...

12. Le participe passé, cas particuliers. Complétez :

Vu... la météo, nous resterons ici
Les 300 francs que ce livre a coûté...
Est-ce une pièce ou un film que vous avez choisi... ?
Ce n'est ni Robert ni Sophie Marceau qu'on a élu... à la présidence de la République
C'est une femme plutôt qu'un homme que vous avez dessiné...
Ce n'est ni l'argent ni le pouvoir que j'ai recherché...
Est-ce lui ou elle que tu as invité... ?
C'est sa femme plutôt que lui que j'ai aimé...
Est-ce lui ou elle que tu as le plus souvent invité... ?
Les travaux qu'il a fallu... faire

Les inondations qu'il y a eu...
Nous l'avons échappé... belle
Le peu de volonté que vous avez montré... m'a découragé
Le peu de volonté que vous m'avez montré... m'a suffi
Les deux heures que j'ai parlé...
J'ai fait tous les efforts que j'ai pu...
Les quinze ans que le roi a régné...
C'est 300 francs, TVA compris...
Les bêtises qu'il y a eu... dans cette affaire !
C'est 200 francs non compris... la TVA
Je m'ennuie, vacances excepté...
Je m'ennuie, excepté... pendant les vacances

13. Accordez...

Des légumes *(abondant)*...
Des voix *(aigu)*...
Des décisions *(banal)*...
Des rêves *(banal)*...
Des combats *(naval)*...
Des légumes *(vert et bleu)*...
Des chemises *(bleu clair)*...
Des valises *(rose)*...
Des cartables *(marron)*...
Des paquets *(rouge vif)*...
Des fleurs *(brun jaunâtre)*...
Des cheveux *(blond)*...
Des cheveux *(blond cendré)*...
Des filles *(roux)*...
Des chiots *(nouveau-né)*...

Des statues *(libyen)*...
Des femmes *(exceptionnel)*...
Des hommes *(haut placé)*...
Des personnes *(inquiet)*...
Des décisions *(concret)*...
Des meubles *(jaune citron)*...
Des femmes *(vicieux)*...
Des filles *(mineur)*...
Des haies *(mitoyen)*...
Des jambes *(nu)*...
Marcher *(pied nu)*...
Marcher *(nu-pied)*...
Des opinions *(public)*...
Êtes-vous de ceux qui *(aimer)*... la choucroute ?

14. Quelques pluriels...

abaisse-langue
accroche-plat
ail
allume-feu
antichambre
après-midi
arc-boutant
arrière-bouche
arrière-boutique
arrière-grand-père
arrière-petit-fils
avant-poste
bonne-maman
bon-papa
bouche-trou
brise-tout
cache-cache
cache-pot
carnaval
corail
corset
cache-sexe
casse-cou
chasse-marée
chasse-clou
chassé-croisé
chasse-neige
chauffe-bain
chauffe-biberon
chauffe-eau
chausse-pied
chausse-trape
chemin de fer
chêne-liège
chou-fleur
ciel
ciel de lit
clair-obscur
coq-à-l'âne
coupe-faim
coupe-gorge
ex-voto
nopal
œil-de-boeuf

15. Quelques féminins...

aigu
chien
chouan
complet
concret
contrebandier
converti
copain
correcteur
enchanteur
inquiet
replet
vengeur

16. Placez, si nécessaire, l'accentuation de...

abatardir
aberrant
abimer
absenteisme
accelerer
acetylene
achevement
begue
benoitement
boheme
boiter
boitier
ca et la
cafeteria
canoe
celeste
chahut
chatain
cheque
comparaitre
comptabilite
creativite
debacle
deceler
decongelé
degenere
degoutant
deja
dematage
depeche
desheriter
echeance
effectivement
egoisme
eleve
embleme
encrouter
enqueter
enroler
entraineur
familierement
feerique
fenetre
fleche
flecher
fourriere
frere
frerot
gachis
galere
gateux
generosite
geometre
geometrie
hair
hatif
honnetete
idolatre
impiete
indecemment
inquieter
inserer
integre

interet
je hais
lachement
laic
legerete
macher
machoire
maitrise
malhonnetete
meche
meme
modele
modeler
naitre
naivete
nous haissons
obese
oxygene
pale
palmares
parallele
patisserie
pieton
platre
poeme
prealablement
precher
reaction
relacher
repeter
retater
reveil
revetement
reveur
sacre
satiete
scenario
secretement
serenite
severement
tacher
tatonner
telesiege
television
tolerer
tolier
trainer
traitrise
ulceré
vallee
variete
vegetation
veracite
vetement
vociferer
voila
vulnerable

17. Remplissez un chèque correspondant à la somme suivante :

2 francs...
87 francs...
185 francs...
365 francs...
80 francs...
90 francs...
1 980 francs...
246 francs...
3 458 francs...
56 845 francs...
4 789 francs...
254 francs...
200 francs...
15 600 francs...
1 456 francs...
11 110 francs...
18 963 francs...
45 620 francs...
4346,598 francs...
346,487 francs...

18. Complétez avec ou ou où :

Sur cette table... je mets des couverts, je mangerai des pommes... des carottes.
Les pays... nous sommes allés étaient magnifiques.
Dans la forêt... j'espère me promener, je prendrai des photos... je cueillerai des feuilles.
... voulez-vous aller ? En Suisse... en Espagne ?

19. Complétez avec la, là ou l'a :

Çà et..., je prendrai des photos.
... rivière coule... où le niveau d'eau est élevé.
Ne va pas par..., c'est dangereux.
Cette lettre..., ... -t-il achetée hier ?
Le biologiste a soigné... dame et... guérie.
... cassette que je t'ai donnée, ...-t-il écoutée ?
Cette fille..., je... regarderai.

20. Complétez avec quel, quels, quelle, quelles ou qu'elle :

… rêveuse !
… est discrète !
Il faudrait… sache enfin avec… clients nous travaillons, dans… conditions et… sont les risques que nous prenons.
Elle parle jusqu'à ce… ait dit une bêtise.
J'aimerais… vienne seule.

21. Complétez avec leur ou leurs :

Ces hommes nous ont fait signe, nous … avons répondu.
… vie était très belle, … rêves furent tous réalisés, je… ai donc communiqué mon envie.
Ils… donnaient beaucoup d'argent, ce n'était pas le….

22. Choisissez :

ad ou add
A…dultère, a…dorable, a…dition, a…duler

af ou aff
A…fiche, a…fricaine, a…front, a…fûter, a…fin

ag ou agg
A…griculture, a…gravation, a…guichant

am ou amm
A…mener, a…moniac, a…madouer, a…mant

an ou ann
A…nomalie, a…niversaire, a…nonciateur

ap ou app
A…porter, a…paraître, a…percevoir

at ou att
A…telier, a…traper, a…tomique, a…taquer

ec ou ecc
É…clairer, é…conomie, e…clésiastique

ed ou edd
É…dition, é…difice, é…duquer, é…cureuil

ef ou eff
E…facer, é…faufiler, e…facer, e…fort

el ou ell
E…le, é…laboration, é…lire, é…lastique

em ou emm
E…magasiner, é…mission, e…ménager

en ou enn
E…noblir, é…norme, e…nuyer, e…nemi

ep ou epp
É…pater, é…pidémie, é…picerie, é…pouser

er ou err
E…reur, è…re, e…rata, é…riger, e…roné

et ou ett
É…tiquette, é…tape, é…tain, é…tonner

il ou ill
I…légitime, i…lustration, î…le, i…lisible

im ou imm
I…maginer, i…médiatement, i…mense

in ou inn
i…nacceptable, i…nauguration, i…nover

ir ou irr
I…réaliste, i…ronie, i…riter, i…résolu

oc ou occ
O…cupation, o…céan, o…culte, o…casion

od ou odd
O…dieux, o…déon, o…deur, o…dorat

of ou off
O…frir, o…ficier, o…ficiel, o…fense

op ou opp
o…pinion, o…position, o…portunité

23. Une ou deux consonnes ?

Ba...lançoire, ba...lotin, ba...liser, ba...nir, ba...raka, ba...rème, ba...reur, bâ...tir, bâ...ton, bo...net
Ca...cao, ca...botin, ca...cophonie, co...mère, co...respondance, co...tiser, cou...rier, cou...roux
De...moiselle, dé...barrasser, dé...bat, di...férer, di...ligemment, di...riger, do...neur, do...mage
Fa...loir, fa...mille, fa...laise, fé...liciter, fe...me, fe...roviaire, fo...liculaire, fo...lie, fo...rêt, fo...rer
Ga...fe, ga...lamment, ga...lerie, ga...lette, gé...nie, gy...nécée, gy...nécologue, gi...ratoire
Ha...bilité, ha...lebardier, ha...lucinogène, ha...rasser, hu...midité, hu...mour, hy...pocrisie
Ja...dis, ja...lon, ja...lousie, ja...retière, je...ter, jo...li, jo...vial, ju...do, ju...pe, ju...ry
La...te, la...cune, la...me, la...nière, lo...terie, lu...cide, lu...ne, lu...teur, ly...céen
Na...pe, na...talité, na...tionalité, né...cessité, ne...tement, no...tamment, no...tifier, nu...mérique
Pa...cifique, pa...labre, pa...rain, pa...ricide, pâ...te, pa...te, pa...nier, pe...roquet, po...luer
Ra...dio, ra...mener, ra...procher, ra...longer, re...dition, re...tard, re...tirer, re...tomber, ru...miner
Sa...cager, sa...lade, se...rure, sé...jour, su...position, su...primer, su...puter, su...pôt, su...périeur
Ta...lon, ta...rissable, tâ...tonner, télé...commande, te...lement, té...mérité, te...nace, tu...nique
Va...cin, va...cances, va...cant, va...cuité, va...let, va...lider, va...lonné, va...nité, vi...losité

24. Mettez-vous un trait d'union aux noms et aux expressions suivantes ?

Abat jour
Aide comptable
Aigre doux
Anti sous marin
Apprenti sorcier
Appui tête
Bande vidéo
Bloc notes
Blue jean
Bric à brac
Brise tout
C'est à dire
C'est une femme hors pair
Café concert
Cet homme est un m'as tu vu
Comment chante t il ?
Compte rendu
Contre mesure
Curriculum vitae
D'où viens tu ?
Deux mille
Dis je la vérité ?
Dis moi tout
Eau de vie
Électro encéphalogramme
Elle porte une mini jupe
En ce temps là
En dedans
Essuie pieds
État civil
Être sur son quant à soi
Être sur son trente et un
Faites le vous même !
Faux monnayeur
Franc parler
Garde meuble
Grand duché
Homme sandwich
Hors bord
Hot dog
Hôtel de ville
Il viendra cet après midi
In octavo
J'aime les châteaux forts
Je le ferai moi même !
L'entre deux guerres
Lance flammes
Le raisin est quasi mur
Libre échangiste
Lieu dit
Maître chanteur
Mi navré, mi attendri
Mille quatre vingts
Non participation
Nous sommes à mi chemin
Nu tête
Œil de bœuf
Opéra bouffe
Où vas tu ?
Ouvre boîte
Par devant
Pare choc
Passe montagne
Pèse lettre
Pied de biche
Porte jarretelles
Quarante huit
Quasi contrat
Remue ménage
Rez de chaussée
Un sans abri
Un sans culotte
Science fiction
Soi disant
Un souffre douleur
Sous marin
Sud africain
Tam tam
Tiers monde
Timbre poste
Tout à coup
Tout à l'heure
Tout de même
Tout puissant
Trois cents
Un trop plein
Ultra son
Un vis à vis
Une longue vue
Un va nu pieds
Vidéo cassette
Wagon lit
Y a t il un pilote dans l'avion ?

25. Corrigeons !

Pendant les trentes-huit ans que Denys l'Ancien à régner a Syracuse, combien de mals n'a-t il pas fait soufrire à cet oppulente cité ? Des auteurs digne de foi se sont plus a rapporté qu'il était sobre, actifs, capable de gouverné, mais que, étant donné ses inclinations malfaisant, il fut le plus malheureus des prince qu'il y est jamais eus.

En vain descendait il d'une famille qu'avait ilustré maints aieuls ; en vain la foule des courtisants qu'il avait rassemblé au tour de lui s'était-elle empressé à lui plair, il n'avait personne a qui il osât se fier. Sauf la défiance que le tyran avait toujours resenti pour son entourage, quelque esclaves qu'il avait enlevé au plus riches citoyens et a qui il avait accordés une prétendu liberté, étaient seul admis dans son intimité.

Les soldat qu'il avait chargé de la garde de sa personne était des étrangers féroce et barbares. Le peut de sureté qu'il avait trouvée dans son palais avait exciter ses soupçons au point que, n'osant confiée sa tete a aucuns barbiers, il avait fait aprendre a raser à ses fille ; et ces jeune princesses, rabbaissé a une fonction qu'on n'eût pas pensé compatible avec leur rang, on les a vu faire la barbe et les cheveus de ce pére soupçonneux. Encore, dit on, quand elles eurent un peut grandies, le tyran, craignants le fer jusque dans leur mains et manifestant pour tout instrument tranchant plus de horreur qu'il n'en avait éprouvé jusqu'la, se fit bruler par ses fille les cheveux et la barbe avec des coquilles de noix chauffées a blanc.

Denys aimait fort le jeu de balle. Un jour qu'il voulait se livré a son amusement préféré, il avait oté sa tunnique et donnée son éppée a un des jeunes favorits qui s'étaient joint a lui. « Voila donc, lui dit un de ses familier en plaisantant, quelqu'un a qui sont confié votre honneur est votre vie ! ». Le jeune homme souri. Tout les deux, par son ordre, furent exécuté, l'un pour avoir sugérés un moyen de l'assasiné, l'autre parce que, cette sugestion, il semblait l'avoir aprouvé par un sourir.

26. Corrigeons !

Jusqu'a quand enfin, Catilina, abbusera-tu de notre patience ? Combien de temps encore ta fureur esquiverat-elle nos coup ? Jusqu'ou s'enporterat ton audace sans frein ? Rien, ni les troupe qui, la nuit, ocupe le Palatin, ni les ronde a travers la ville, ni l'anxiété du peuple, ni ce rasenblement de tout les bon citoyens, ni le choix de ce lieu, le plus sur de tous, pour la convocation du Sènat, ni l'air ni l'expresion de tous ceus qui son ici, non, rien n'as pu te déconcertée ? Tes projet sont percé a jour ; ne le sents-tu pas ? Ta conspiration, connu de tous, est dèja maitrisé ; ne le vois-tu pas ? Ce que tu a fait la nuit derniére, et aussi la nuit précédente, ou tu a été, qui tu as convoqués, ce que tu as rèsolus, crois-tu qu'un seuls d'entre nous l'ignorent ? O temps ! ô moeurs ! Tout cela, le Sènat le sait, le consul le voie : et cette homme vie encore ! Il vie ? Ah ! que dis je ? Il vient au Sénat, il participe a là dèlibération public, il marque et dèsigne de l'oeil ceux d'entre nous qu'ont asassinerat. Et nous, les homme de coeur, nous croyions faire assez pour là chose public, si nous nous gardont de sa rage et de ses poignard. Toi Catilina, s'est a la mort, sûr l'ordre du consul, que depuis longtenps il aurait fallu te mené, sûr toi devait se concentré les coup que tu nous prépare. Quoi! un personnage considérable, P. Scipion, grand pontife, à tué, lui, simple particulier, Tiberius Gracchus, qui portaient une ateinte lègére a la constitution de l'État; et Catilina, qui prétent désolé l'univers par le fer et par le feu, nous, consuls, nous devront le suporté toujour? Je veut meme négligé des exemples trop ancien, comme se C. Servilius qui, de ça main, frappat Sp. Maelius, suspect d'idées révolutionnaires. Tel était, oui, tel était jadis le patriotisme dans notre république, qu'il se trouvaient des homme de courage pour chatier plus inplacablemment le citoyen dangereux que le plus redoutable des enemis. Nous somme armés contre toi, Catilina, d'un sénatus-consulte impérieux et écrasant; ce n'est ni la clairvoyance, ni l'énergie de l'ordre que voici qui manquent à la République; c'est nous, je le dit bien haut, c'est nous, consuls, qui lui manquont.

Corrigé des exercices

Exercice 1

Je partirai quand il me plaira.
Je verrais bien Sophie Marceau présidente de la République.
J'aimerais mieux manger des frites que des petits pois.
Tu croyais que j'accepterais ?
Il croit vraiment que j'accepterai cette offre.
Si je pouvais, je partirais tout de suite.
S'il revient, je partirai sur l'heure.
Je lui avais juré que je le reverrais.
Je crois que je lui parlerai.
Monsieur le directeur, j'aimerais vous parler.

Exercice 2

Accommodant son métier à sa passion, il rencontra des gens bien plus accommodants.
Les professeurs amusants sont rares.
Apaisant les enfants, les éducateurs ont redressé la situation.
Trouvez une solution accommodante.
Les grévistes adhérant à cette association sont automatiquement adhérents au syndicat.
Les soldats affluant, le pays fut envahi.
En vous communiquant ces informations, nous tâchons d'être convaincants et non d'être fatigants.
À force de rencontrer des gens exigeants, nous sommes devenus exigeants nous aussi.
Les personnes naviguant sur le vol 747 se sont plaintes du personnel navigant.
Les participes précédents étaient plus faciles.
Cette femme provocante, en provoquant ses rivales, s'est fait des ennemies.
Cette atmosphère suffocante fut pour nous plus que fatigante.

Exercice 3

Nous envoyons	*j'envoie*
Ils aboient	*il aboie*
Vous sortez	*tu sors*
Nous tuons	*je tue*
Vous voyez	*tu vois*
Vous essuyez	*tu essuies*
Nous congelons	*je congèle*
Vous criiez	*tu criais*
Nous achetons	*j'achète*
Vous soumettez	*tu soumets*

Exercice 4

Le 15 janvier dernier, j'ai quitté le logement dont j'étais le locataire et vous en ai restitué les clés.

Près de cinq mois se sont écoulés depuis, et je n'ai toujours pas reçu le remboursement du dépôt de garantie que je vous avais versé en début de location.

Il s'agit sûrement d'un oubli de votre part, car je pense être quitte envers vous. Mes loyers ont été intégralement payés et l'état des lieux que nous avons établi lors de mon départ ne faisait apparaître aucune dégradation qui me soit imputable. Je vous rappelle que, suivant l'article 22 de la loi du 6 juillet 1989, qui régit les relations entre bailleurs et locataires, le dépôt de garantie doit être restitué dans les deux mois suivant la remise des clés et qu'à défaut de leur restitution, dans le délai prévu, le solde dû au locataire, après arrêté des comptes, produit intérêt au taux légal.

Je vous demande donc de me faire parvenir dans les plus brefs délais l'intégralité de ce dépôt de garantie soit 10 000 francs, majoré de 700 francs, correspondant à trois mois d'intérêts au taux légal de 9,69 %.

Je vous prie d'agréer, Monsieur, l'expression de mes sentiments distingués.

Exercice 5

Je reçois mon relevé de communications téléphoniques pour la période du 15 janvier au 15 mars : son montant est anormalement élevé, compte tenu de ma consommation habituelle. Vous pourrez, en effet, remarquer que les relevés précédents n'atteignent jamais la somme qui m'est facturée.

Aucune modification n'étant intervenue dans mes habitudes ou celles de ma famille, qui pourrait expliquer cette augmentation soudaine, je vous demande de faire toutes vérifications utiles sur ma ligne et de me donner le détail des opérations effectuées.

En attendant les résultats de votre enquête, je vous règle cette facture sur la base de ma consommation habituelle.

Recevez, Monsieur, l'assurance de mes sentiments distingués.

Exercice 6

Un boulanger nous hébergea. Le soir, vers les 9 heures, j'allai faire ma cour au Roi. Sa Majesté était logée dans les bâtiments de l'abbaye : on avait toutes les peines du monde à empêcher les jeunes filles de la légion d'Honneur de crier : Vive Napoléon ! J'entrai d'abord dans l'église ; un pan de mur attenant au cloître était tombé ; l'antique abbatial n'était éclairée que d'une lampe. Je fis ma prière à l'entrée du caveau où j'avais vu descendre Louis XVI : plein de crainte sur l'avenir, je ne sais si j'ai eu de ma vie le cœur noyé d'une tristesse plus profonde et plus religieuse. Ensuite, je me rendis chez sa Majesté : introduit dans une des chambres qui précédaient celle du Roi, je ne trouvai personne : je m'assis dans un coin et j'attendis. Tout à coup une porte s'ouvre : entre silencieusement le vice appuyé sur le bras du crime, M. de Talleyrand marchant soutenu par M. Fouché : la vision infernale passe lentement devant moi, pénètre dans le cabinet du roi et disparaît. Fouché venait jurer foi et hommage à son seigneur : le féal régicide, à genoux, mit les mains qui firent tomber la tête de Louis XVI entre les mains du frère du roi martyr ; l'évêque apostat fut caution du serment.

Exercice 7

Voyager coûte moins cher aujourd'hui, alors que, jadis, j'ai voyagé presque gratuitement.
Il est 7 heures, j'ai peur de manquer mon train.
L'argent emprunté m'a sauvé la vie.
Merci de m'envoyer un nouveau courrier si possible mieux rédigé.
Excusez-moi de vous parler sur ce ton, mais cet homme m'a indisposé.
Vous êtes fou de vous baigner par un temps pareil !

Exercice 8

Vive les œufs battus !
La tanche rebutée, il trouva du goujon
La somme due
Le montant dû
Gardez ces meubles fermés
La vérité révélée, le philosophe rentra chez lui
Il est 3 heures passées
J'ai trouvé Sylvie fatiguée
Louis XIV avait une chaise percée
Tous vendus
Ils se sont sentis dépassés
Regarde tout le chemin parcouru
Je vous trouve, à toutes, l'air fatigué
Je vous trouve, toutes, fatiguées
Ces livres coloriés me déplaisent
Voici des filles bénies par la chance
Voici de l'eau bénite
Vaincue par Rome, Carthage disparut de l'histoire.
Bien observée, cette comète est intéressante.
La vérité prouvée, nous n'avions plus qu'à l'admettre.
Abreuvée de honte, la Reine perdit sa perruque.
Relégués sur une île, les prisonniers ne purent s'enfuir.
Laissez votre cigarette éteinte

Exercice 9

Ces gens sont bien revenus
Il est 2 heures et demie passées
Elle et lui sont revenus
L'air est pollué
De drôles de gens y sont allés
Mon frère et moi sommes venus
Quantité d'idées ont été proposées
L'agriculture est mal développée
La grève n'est pas finie
Nous n'en sommes pas revenus

Où sont-ils allés ?
Cette femme et cet homme sont revenus
L'assemblée est dissoute
Ces bonnes gens ont été invités
Mon frère et ma sœur sont sortis
Tant d'amour et de joie seraient restés sans réponse.
Monsieur le Président, vous êtes calmé ?
Les soldats et les civils sont blessés
Ces feuilles sont mal écornées
Tous les gens étaient représentés
Ils étaient si peu pourvus
Il a vendu avant qu'ils ne fussent ruinés
Ils ne sont pas réveillés
Ils sont dégonflés
Tout le monde était parti

Exercice 10

La voie que nous avons suivie
Ils ont remué des souvenirs
Les meubles qu'elle a ouverts
La bouteille de bière que j'ai bue
C'est sa femme et lui que j'ai toujours aimés
La bouteille du vin que vous m'avez conseillé
Nous avons beaucoup vécu
La chèvre que j'ai vue
Avez-vous vu l'obélisque ?
Les circonstances ont changé
La vie que nous avons vécue
La rose que vous avez dessinée
J'ai dissous l'assemblée
Vive ces tartes qu'ils ont mangées
Ils ont reçu bien des encouragements
La maison que nous avons achetée
Elles nous ont invités, mon frère et moi
Les tableaux que je t'ai gardés
Ils ont reconnu cette fille
Les arbustes que nous avons plantés
Les raisons que vous avez mises en avant
Quelle attitude a-t-elle prise ?
Ils n'ont pas répété leur propos
Ces propos qu'elles n'ont pas répétés
Il a refusé les vases qu'elle lui avait offerts
Ces moments délicieux que vous m'avez procurés
Napoléon a défait les Russes en 1810

Exercice 11

Nous nous sommes téléphoné
Elles se sont baissées
Ils ne se sont pas fleuris eux-mêmes
Il s'en est passé des choses
Les choses qui se sont passées
Ils se sont reconnus
Nous nous sommes rencontrés
L'histoire que nous nous sommes racontée
Nous nous sommes regardés
Nous nous sommes nui
Nous nous sommes vus
Nous nous sommes parlé
Les glaces qu'elle s'est offertes
Ils se sont serré la main
Ils se sont donné la main
Ils se sont moqués de moi
Les problèmes se sont succédé
Ils se sont appréciés
Ils se sont rappelé leurs vacances
Pourquoi se sont-ils écartés de lui ?
Les vacances qu'ils se sont rappelées
Ils se sont juré de vaincre
Ils se sont faits les complices de ce vol
Ils se sont réconciliés

Exercice 12

Vu la météo, nous resterons ici
Les 300 francs que ce livre a coûté
Est-ce une pièce ou un film que vous avez choisi ?
Ce n'est ni Robert ni Sophie Marceau qu'on a élue à la Présidence de la République
C'est une femme plutôt qu'un homme que vous avez dessinée
Ce n'est ni l'argent ni le pouvoir que j'ai recherchés

Est-ce lui ou elle que tu as invitée ?
C'est sa femme plutôt que lui que j'ai aimée
Est-ce lui ou elle que tu as le plus souvent invités ?
Les travaux qu'il a fallu faire
Les inondations qu'il y a eu
Nous l'avons échappé belle
Le peu de volonté que vous avez montré m'a découragé
Le peu de volonté que vous m'avez montrée m'a suffi
Les 2 heures que j'ai parlé
J'ai fait tous les efforts que j'ai pu
Les quinze ans que le roi a régné
C'est 300 F, TVA comprise
Les bêtises qu'il y a eu dans cette affaire !
C'est 200 F non compris la TVA
Je m'ennuie, vacances exceptées
Je m'ennuie, excepté pendant les vacances

Exercice 13

Des légumes abondants
Des voix aiguës
Des décisions banales
Des rêves banals
Des combats navals
Des légumes verts et bleus
Des chemises bleu clair
Des valises roses
Des cartables marron
Des paquets rouge vif
Des fleurs brun jaunâtre
Des cheveux blonds
Des cheveux blond cendré
Des cheveux roux
Des filles rousses
Des chiots nouveau-nés
Des statues libyennes
Des femmes exceptionnelles
Des hommes haut placés
Des personnes inquiètes
Des décisions concrètes
Des meubles jaune citron
Des femmes vicieuses
Des filles mineures
Des haies mitoyennes.
Des jambes nues
Marcher pieds nus
Marcher nu-pieds
Des opinions publiques
Êtes-vous de ceux qui aiment la choucroute ?

Exercice 14

abaisse-langue
accroche-plat
aulx ou ails
allume-feu
antichambres
après-midi
arcs-boutants
arrière-bouches
arrière-boutiques
arrière-grands-pères
arrière-petits-fils
avant-postes
bonnes-mamans
bons-papas
bouche-trous
brise-tout
cache-cache
cache-pot
corsets
cache-sexe
carnavals
casse-cou
chasse-marée
chasse-clous
chassés-croisés
chasse-neige
chauffe-bains
chauffe-biberons
chauffe-eau
chausse-pieds
chausse-trapes
chemins de fer
chênes-lièges
choux-fleurs
ciels ou cieux
ciels de lit
clairs-obscurs
coq-à-l'âne
coraux
coupe-faim
coupe-gorge
ex-voto
nopals
œils-de-bœuf

Exercice 15

aiguë
chienne
chouanne
complète
concrète
contrebandière
convertie
copine
correctrice
enchanteresse
inquiète
replète
vengeresse

Exercice 16

abâtardir
aberrant
abîmer
absentéisme
accélérer
acétylène
achèvement
bègue
benoîtement
bohème
boiter
boîtier
çà et là
cafétéria
canoë
céleste
chahut
châtain
chèque
comparaître
comptabilité
créativité
débâcle
déceler
décongelé
dégénéré
dégoûtant
déjà
démâtage
dépêche
déshériter
échéance
effectivement
égoïsme
élevé ou élève
emblème
encroûter
enquêter
enrôler
entraîneur
familièrement
féerique
fenêtre
flèche
flécher
fourrière
frère
frérot
gâchis
galère
gâteux
générosité
géomètre
géométrie
haïr
hâtif
honnêteté
idolâtre
impiété
indécemment
inquiéter
insérer
intègre
intérêt
je hais
lâchement
laïc
légèreté
mâcher
mâchoire
maîtrise
malhonnêteté
mèche
même
modèle
modeler
naître
naïveté
nous haïssons
obèse
oxygène
pâle
palmarès
parallèle
pâtisserie
piéton
plâtre
poème
préalablement
prêcher
réaction
relâcher
répéter
retâter
réveil
revêtement
rêveur
sacre
satiété
scénario
secrètement
sérénité
sévèrement
tacher ou tâcher
tâtonner
télésiège
télévision
tolérer
tôlier
traîner
traîtrise
ulcéré
vallée
variété
végétation
véracité
vêtement
vociférer
voilà
vulnérable

Exercice 17

Deux francs
Quatre-vingt-sept francs
Cent quatre-vingt-cinq francs
Trois cent soixante-cinq francs
Quatre-vingts francs
Quatre-vingt-dix francs
Mille neuf cent quatre-vingts francs
Deux cent quarante-six francs
Trois mille quatre cent cinquante-huit francs
Cinquante-six mille huit cent quarante-cinq francs
Quatre mille sept cent quatre-vingt-neuf francs
Deux cent cinquante-quatre francs
Deux cents francs
Quinze mille six cents francs
Mille quatre cent cinquante-six francs
Onze mille cent dix francs
Dix-huit mille neuf cent soixante-trois francs
Quarante-cinq mille six cent vingt francs
Quatre cent trente-quatre mille six cent cinquante-neuf francs
Trois cent quarante-six mille quatre cent quatre-vingt-sept francs

Exercice 18

Sur cette table où je mets des couverts, je mangerai des pommes ou des carottes.
Les pays où nous sommes allés étaient magnifiques.
Dans la forêt où j'espère me promener, je prendrai des photos ou je cueillerai des feuilles.
Où voulez-vous aller ? En Suisse ou en Espagne ?

Exercice 19

Çà et là, je prendrai des photos.
La rivière coule là où le niveau d'eau est élevé.
Ne va pas par là, c'est dangereux.
Cette lettre-là, l'a-t-il achetée hier ?
Le biologiste a soigné la dame et l'a guérie.
La cassette que je t'ai donnée, l'a-t-il écoutée ?
Cette fille-là, je la regarderai.

Exercice 20

Quelle rêveuse !
Qu'elle est discrète !
Il faudrait qu'elle sache enfin avec quels clients nous travaillons, dans quelles conditions et quels sont les risques que nous prenons.
Elle parle jusqu'à ce qu'elle ait dit une bêtise.
J'aimerais qu'elle vienne seule.

Exercice 21

Ces hommes nous ont fait signe, nous leur avons répondu.
Leur vie était très belle, leurs rêves furent tous réalisés, je leur ai donc communiqué mon envie.
Ils leur donnaient beaucoup d'argent, ce n'était pas le leur.

Exercice 22

Adultère, adorable, addition, aduler
Affiche, africaine, affront, affûter, afin
Agriculture, aggravation, aguichant
Amener, ammoniac, amadouer, amant
Anomalie, anniversaire, annonciateur
Apporter, apparaître, apercevoir
Atelier, attraper, atomique, attaquer
Éclairer, économie, ecclésiastique
Édition, édifice, éduquer, écureuil
Effacer, éfaufiler, effacer, effort
Elle, élaboration, élire, élastique
Emmagasiner, émission, emménager.
Ennoblir, énorme, ennuyer, ennemi
Épater, épidémie, épicerie, épouser
Erreur, ère, errata, ériger, erroné
Étiquette, étape, étain, étonner
Illégitime, illustration, île, illisible
Imaginer, immédiatement, immense
inacceptable, inauguration, innover
Irréaliste, ironie, irriter, irrésolu
Occupation, océan, occulte, occasion
Odieux, odéon, odeur, odorat
Offrir, officier, officiel, offense
opinion, opposition, opportunité

Exercice 23

Balançoire, ballotin, baliser, bannir, baraka, barème, barreur, bâtir, bâton, bonnet
Cacao, cabotin, cacophonie, commère, correspondance, cotiser, courrier, courroux
Demoiselle, débarrasser, débat, différer, diligemment, diriger, donneur, dommage
Falloir, famille, falaise, féliciter, femme, ferroviaire, folliculaire, folie, forêt, forer
Gaffe, galamment, galerie, galette, génie, gynécée, gynécologue, giratoire
Habilité, hallebardier, hallucinogène, harasser, humidité, humour, hypocrisie
Jadis, jalon, jalousie, jarretière, jeter, joli, jovial, judo, jupe, jury
Latte, lacune, lame, lanière, loterie, lucide, lune, lutteur, lycéen
Nappe, natalité, nationalité, nécessité, nettement, notamment, notifier, numérique
Pacifique, palabre, parrain, parricide, pâte, patte, panier, perroquet, polluer
Radio, ramener, rapprocher, rallonger, reddition, retard, retirer, retomber, ruminer
Saccager, salade, serrure, séjour, supposition, supprimer, supputer, suppôt, supérieur
Talon, tarissable, tâtonner, télécommande, tellement, témérité, tenace, tunique
Vaccin, vacances, vacant, vacuité, valet, valider, vallonné, vanité, villosité

Exercice 24

Abat-jour
Aide-comptable
Aigre-doux
Anti-sous-marin
Apprenti sorcier
Appui-tête
Bande vidéo
Bloc-notes
Blue-jean
Bric-à-brac
Brise-tout
C'est-à-dire
C'est une femme hors pair
Café-concert
Cet homme est un m'as-tu-vu
Comment chante-t-il ?
Compte rendu
Contre-mesure
Curriculum vitae
D'où viens-tu ?
Deux mille
Dis-je la vérité ?
Dis-moi tout
Eau-de-vie
Électro-encéphalogramme
Elle porte une minijupe
En ce temps-là
En dedans
Essuie-pieds
État civil
Être sur son quant-à-soi
Être sur son trente-et-un
Faites-le vous-même !
Faux-monnayeur
Franc-parler
Garde-meuble
Grand-duché
Homme-sandwich
Hors-bord
Hot-dog
Hôtel de ville
Il viendra cet après-midi
In-octavo
J'aime les châteaux forts
Je le ferai moi-même !
L'entre-deux-guerres
Lance-flammes
Le raisin est quasi mûr
Libre-échangiste
Lieu-dit
Maître-chanteur
Mi-navré, mi-attendri
Mille quatre-vingts
Non-participation
Nous sommes à mi-chemin
Nu-tête
Œil-de-bœuf
Opéra bouffe
Où vas-tu ?
Ouvre-boîte
Par-devant
Pare-choc
Passe-montagne
Pèse-lettre
Pied-de-biche
Porte-jarretelles
Quarante-huit
Quasi-contrat
Remue-ménage
Rez-de-chaussée
Un sans-abri
Un sans-culotte
Science-fiction
Soi-disant
Un souffre-douleur
Sous-marin
Sud-africain
Tam-tam
Tiers-monde
Timbre-poste
Tout à coup
Tout à l'heure
Tout de même
Tout-puissant
Trois cents
Un trop-plein
Ultra-son
Un vis-à-vis
Une longue-vue
Un va-nu-pieds
Vidéocassette
Wagon-lit
Y a-t-il un pilote dans l'avion ?

Exercice 25

Pendant les trente-huit ans que Denys l'Ancien a régné à Syracuse, combien de maux n'a-t-il pas fait souffrir à cette opulente cité ! Des auteurs dignes de foi se sont plu à rapporter qu'il était sobre, actif, capable de gouverner, mais que, étant donné ses inclinations malfaisantes, il fut le plus malheureux des princes qu'il y ait jamais eu.

En vain descendait-il d'une famille qu'avaient illustrée maints aïeux ; en vain la foule des courtisans qu'il avait rassemblés autour de lui s'était-elle empressée à lui plaire, il n'avait personne à qui il osât se fier. Sauf la défiance que le tyran avait toujours ressentie pour son entourage, quelques esclaves qu'il avait enlevés aux plus riches citoyens et à qui il avait accordé une prétendue liberté, étaient seuls admis dans son intimité.

Les soldats qu'il avait chargés de la garde de sa personne étaient des étrangers féroces et barbares. Le peu de sûreté qu'il avait trouvé dans son palais avait excité ses soupçons au point que, n'osant confier sa tête à aucun barbier, il avait fait apprendre à raser à ses filles; et ces jeunes princesses, rabaissées à une fonction qu'on n'eût pas pensée compatible avec leur rang, on les a vues faire la barbe et les cheveux de ce père soupçonneux. Encore, dit-on, quand elles eurent un peu grandi, le tyran, craignant le fer jusque dans leurs mains et manifestant pour tout instrument tranchant plus d'horreur qu'il n'en avait éprouvé jusque-là, se fit brûler par ses filles les cheveux et la barbe avec des coquilles de noix chauffées à blanc.

Denys aimait fort le jeu de balle. Un jour qu'il voulait se livrer à son amusement préféré, il avait ôté sa tunique et donné son épée à un des jeunes favoris qui s'étaient joints à lui. « Voilà donc, lui dit un de ses familiers en plaisantant, quelqu'un à qui sont confiés votre honneur et votre vie ! » Le jeune homme sourit. Tous les deux, par son ordre, furent exécutés, l'un pour avoir suggéré un moyen de l'assassiner, l'autre parce que, cette suggestion, il semblait l'avoir approuvée par un sourire.

Exercice 26

Jusqu'à quand enfin, Catilina, abuseras-tu de notre patience ? Combien de temps encore ta fureur esquivera-t-elle nos coups ? Jusqu'où s'emportera ton audace sans frein ? Rien, ni les troupes qui, la nuit, occupent le Palatin, ni les rondes à travers la ville, ni l'anxiété du peuple, ni ce rassemblement de tous les bons citoyens, ni le choix de ce lieu, le plus sûr de tous, pour la convocation du Sénat, ni l'air ni l'expression de tous ceux qui sont ici, non, rien n'a pu te déconcerter ? Tes projets sont percés à jour ; ne le sens-tu pas ? Ta conspiration, connue de tous, est déjà maîtrisée ; ne le vois-tu pas ? Ce que tu as fait la nuit dernière, et aussi la nuit précédente, où tu as été, qui tu as convoqué, ce que tu as résolu, crois-tu qu'un seul d'entre nous l'ignore ? Ô temps ! ô mœurs ! Tout cela, le Sénat le sait, le consul le voit : et cet homme vit encore ! Il vit ? Ah ! que dis-je ? Il vient au Sénat, il participe à la délibération publique, il marque et désigne de l'œil ceux d'entre nous qu'on assassinera. Et nous, les hommes de cœur, nous croyons faire assez pour la chose publique, si nous nous gardons de sa rage et de ses poignards. Toi Catilina, c'est à la mort, sur l'ordre du consul, que depuis longtemps il aurait fallu te mener ; sur toi devaient se concentrer les coups que tu nous prépares. Quoi ! un personnage considérable, P. Scipion, grand pontife, a tué, lui, simple particulier, Tiberius Gracchus, qui portait une atteinte légère à la constitution de l'État ; et Catilina, qui prétend désoler l'univers par le fer et par le feu, nous, consuls, nous devrons le supporter toujours ? Je veux même négliger des exemples trop anciens, comme ce C. Servilius qui, de sa main, frappa Sp. Maelius, suspect d'idées révolutionnaires. Tel était, oui, tel était jadis le patriotisme dans notre république, qu'il se trouvait des hommes de courage pour châtier plus implacablement le citoyen dangereux que le plus redoutable des ennemis. Nous sommes armés contre toi, Catilina, d'un sénatus-consulte impérieux et écrasant ; ce n'est ni la clairvoyance, ni l'énergie de l'ordre que voici qui manquent à la République ; c'est nous, je le dis bien haut, c'est nous, consuls, qui lui manquons.

Estimations

Exercice 1

- Vous n'avez fait aucune faute : vous pouvez utiliser le conditionnel sans crainte.
- Vous avez fait entre une et quatre fautes : lisez bien la phrase du début jusqu'à la fin.
- Vous avez plus de quatre fautes : relisez les pages 14-15 et 26-27.

Exercice 2

- Vous n'avez fait aucune faute : dorénavant, vous pourrez sans crainte participer le présent et verbaliser les adjectifs.
- Vous avez fait entre une et six fautes : veillez à bien relire la liste figurant page 23.
- Vous avez plus de six fautes, relisez les pages 21-24.

Exercice 3

- Vous n'avez fait aucune faute : vous pouvez conjuguer en paix.
- Vous avez fait entre une et cinq fautes : l'exercice indiquait de rédiger à la personne correspondante et non à la forme *je*.
- Vous avez plus de cinq fautes : relisez le chapitre premier.

Exercice 4

Certaines formes peuvent être correctes et différentes du corrigé.

- Vous n'avez fait aucune faute : vous pouvez écrire à votre propriétaire même s'il est prof de français.
- Vous avez fait entre une et deux fautes : attention à la distraction !
- Vous avez entre trois et cinq fautes : veillez à bien trouver le sujet.
- Vous avez plus de cinq fautes : relisez le chapitre premier.

Exercice 5

Certaines formes peuvent être correctes et différentes du corrigé.

- Vous n'avez fait aucune faute : vous pouvez écrire, c'est moins cher que le téléphone.
- Vous avez fait une faute : attention à la distraction !
- Vous avez entre une et trois fautes : veillez à bien trouver le sujet.
- Vous avez plus de trois fautes, relisez le chapitre premier.

Exercice 6

Certaines formes peuvent être correctes et différentes du corrigé.

- Vous n'avez fait aucune faute : cherchez un éditeur.
- Vous avez fait entre une et trois fautes : attention à la distraction !
- Vous avez entre quatre et sept fautes : veillez à bien trouver le sujet.
- Vous avez plus de sept fautes : relisez le chapitre premier.

Exercice 7

- Vous n'avez fait aucune faute : bien !
- Vous avez fait entre une et deux fautes : attention à la distraction !
- Vous avez plus de deux fautes : relisez les pages 33 à 44.

Exercice 8

- Vous n'avez fait aucune faute : c'est un bon début.
- Vous avez fait entre une et cinq fautes : vérifiez le participe passé masculin singulier de *devoir, dissoudre* et *bénir.*
- Vous avez plus de cinq fautes : relisez les pages 33 à 44.

Exercice 9

- Vous n'avez fait aucune faute : continuez comme ça !
- Vous avez fait entre une et cinq fautes : lisez bien les phrases.
- Vous avez plus de cinq fautes : relisez les pages 33 à 44.

Exercice 10

- Vous n'avez fait aucune faute : l'accord des participes passés vous est acquis.
- Vous avez fait entre une et cinq fautes : lisez bien les phrases et répondez précisément

aux questions *qui ?* et *quoi ?*
- Vous avez plus de cinq fautes : relisez les pages 33 à 44.

Exercice 11

- Vous n'avez fait aucune faute : enseignez l'orthographe !
- Vous avez fait entre une et six fautes : lisez bien les phrases et répondez précisément aux questions *qui ?* et *quoi ?*

Vous avez plus de six fautes : relisez les pages 39-40.

Exercice 12

- Vous n'avez fait aucune faute : bravo l'artiste !
- Vous avez fait des fautes : relisez les points où vous vous êtes trompé (pages 40 à 44).

Exercice 13

- Vous n'avez fait aucune faute : vous pouvez former un couple !
- Vous avez fait entre une et quatre fautes : attention à la distraction !
- Vous avez plus de quatre fautes : relisez le chapitre III.

Exercice 14

- Vous n'avez fait aucune faute : vous pouvez former un couple !
- Vous avez fait entre une et quatre fautes : attention à la distraction !
- Vous avez plus de quatre fautes : relisez les pages 54 à 56.

Exercice 15

- Vous n'avez fait aucune faute : vous pouvez former un couple !
- Vous avez fait entre une et quatre fautes : attention à la distraction !
- Vous avez plus de quatre fautes : relisez les pages 51 à 54.

Exercice 16

- Vous n'avez fait aucune faute : ne perdez pas votre accent !
- Vous avez fait entre une et dix fautes : réétudiez les accents circonflexes.
- Vous avez plus de dix fautes : relisez les pages 57 à 61.

Exercice 17

- Vous n'avez fait aucune faute : plus d'excuses, vous pouvez faire un chèque !
- Vous avez fait entre une et quatre fautes : attention à la distraction !
- Vous avez plus de quatre fautes : relisez les pages 63-64

Exercice 18

- Vous n'avez fait aucune faute : c'est bien !
- Vous avez fait une faute : corrigez-la.
- Vous avez fait plus d'une faute : lisez la page 58.

Exercice 19

- Vous n'avez fait aucune faute : c'est bien !
- Vous avez fait une faute : corrigez-la.
- Vous avez fait plus d'une faute, lisez la page 58.

Exercice 20

- Vous n'avez fait aucune faute : c'est bien !
- Vous fait une faute : corrigez-la.
- Vous avez fait plus d'une faute : lisez la page 70.

Exercice 21

- Vous n'avez fait aucune faute : c'est bien !
- Vous avez fait une faute : corrigez-la.
- Vous avez fait plus d'une faute : lisez la page 69.

Exercice 22

- Vous n'avez fait aucune faute : vous avez une très bonne mémoire visuelle !
- Vous avez fait entre une et cent fautes : notez dans votre abécédaire les mots que vous utilisez et où vous vous êtes trompé.

Exercice 23

- Vous n'avez fait aucune faute : vous avez une très bonne mémoire visuelle !
- Vous avez fait entre une et cent fautes : notez dans votre abécédaire les mots que vous utilisez et où vous vous êtes trompé.

Exercice 24

- Vous n'avez fait aucune faute : vous êtes mûr pour la dictée de Pivot!
- Vous avez fait entre une et cent fautes : notez dans votre abécédaire les mots que vous utilisez et où vous vous êtes trompé. Au cas où, relisez le chapitre sur les mots composés et les pages 64-67.

Exercice 25

- Vous avez trouvé toutes les fautes ! Postulez chez un éditeur.
- Vous avez trouvé 80 fautes : vous pouvez vous reposer !
- Vous avez trouvé moins de 80 fautes : relisez attentivement.

Exercice 26

- Vous avez trouvé toutes les fautes ! N'hésitez pas à postuler chez un éditeur.
- Vous avez trouvé 80 fautes : vous pouvez vous reposer !
- Vous avez trouvé moins de 80 fautes : relisez attentivement.

Bibliographie

GREVISSE, M., *Le Bon Usage. Grammaire française*, Paris, édition de 1986 ; *Savoir accorder le participe passé*, Paris, 1983.

HANSE, J., *Dictionnaire des difficultés grammaticales et lexicologiques*, édition de 1971, Paris.

Le Petit Robert, mis à jour par REY, A., et REY-DEBOVE, J., Paris, édition de 1991.

Index

Les chiffres en gras italique se réfèrent aux verbes de la liste mnémotechnique de conjugaison, en annexe II (pp. 99 à 114).

Cet ouvrage a été réalisé par l'Imprimerie Carlo Descamps,
59163 Condé-sur-l'Escaut, en mai 1997

Imprimé en France
Dépôt légal : janvier 1997
N° d'impression : 97216